デジタルメディア時代における教育方法と遊び
―― 遊びとしてのビデオゲームに着目して ――

小 孫 康 平 著

風 間 書 房

まえがき

　デジタルメディアとは，状態そのままの連続量（アナログ）としてではなく，数値に変換したデジタル情報を記録・伝達する電子機器のことである。また，デジタルメディア社会では，社会システムのあらゆる面において情報媒体がデジタル化されている。

　現在では，デジタルメディアの中で最も利用されているのはパソコンやスマートフォンである。パソコンやスマートフォンを利用すれば，世界中の情報を収集できる。また，誰でも情報を発信できる時代であり，デジタルメディア時代といえる。教科指導におけるICTの利活用など，アナログ時代と異なる教育方法が可能となる。

　デジタルメディア時代においては，社会の変化が激しくなる。したがって，人間の基本的な能力はどのようなものか考察することは必要である。また，デジタルメディア時代において各国の教育の分野で求められる能力はどのような違いがあるのか検討することは重要である。

　一方，デジタルメディア時代における遊びは，従来の遊びの種類や内容とは異なる。例えば，ファミリーコンピュータ（ファミコン）は，1983年に発売され，1989年7月には1400万台が出荷された。コンピュータを使った全く新しいメディアが，遊びの世界に出現したことになる。遊びと教育は大いに関連しているので，ビデオゲームの「遊び」の要素について検討することは，教育の分野においても重要かつ社会的意義は高いと考える。

　多くの保護者や教師は，ビデオゲームの使用が発達や健康に悪影響を及ぼすと考え，依然としてビデオゲームに対して不安を持っているのも事実である。今後は，ただ単に「ビデオゲームで遊んではいけない」ではなく，ビデオゲームの特性を知り，上手に付き合う方法を指導していく「ゲーム・リテラシ

ー教育」が必要であると考えられる。

　本書では，これまでに行ってきた筆者の研究論文を加筆・修正するとともに包括的に再構成し，デジタルメディア時代における教育方法と遊びについて，様々なデータや調査の結果に基づいて総合的に究明を試みる。

　第1章では，デジタルメディア時代における資質・能力について検討している。第2章では，教育メディアの変遷について整理した。特に，特別支援学校におけるコンピュータ利用の変遷について述べた。第3章では，2020年度以降，小学校でプログラミング教育が必修化され，コンピュータを動かす体験を通してプログラムの基礎的理解を深める学習がはじまる。そこで，プログラミング教育の教育的意義について検討している。第4章では，デジタルメディア時代において教育委員会が求める教員像について検討している。第5章では，デジタルメディア時代における学習意欲について考察している。第6章では，アクティブ・ラーニングと遊びの経験との関連性について検討している。第7章では，中学生・高校生時代の遊びの現状を明らかにしている。第8章では，大学生の男女間および学部間でのビデオゲームに関する意識の差異について考察している。第9章では，遊びの要素を取り入れた授業について説明している。第10章では，遊びとしてのビデオゲームについて検討している。第11章では，ビデオゲーム中のストレスについて検討している。第12章では，ゲーム・リテラシー教育の教材に関する意識について計量テキスト分析に基づき考察している。

　なお，本書は平成30年度皇學館大学出版助成金の交付を受けて刊行したものである。

　　　平成30年8月

　　　　　　　　　　　　　　　　　　　　　　　伊勢・西宮にて

　　　　　　　　　　　　　　　　　　　　　　　小　孫　康　平

目　次

まえがき

第1章　デジタルメディア時代における資質・能力 …………1
　1.1.　教育方法 ……………………………………………………1
　1.2.　デジタルメディア …………………………………………2
　1.3.　デジタルメディア社会 ……………………………………2
　1.4.　キー・コンピテンシー ……………………………………3
　1.5.　知識基盤社会 ………………………………………………4
　1.6.　21世紀型能力 ………………………………………………6
　1.7.　生きる力 ……………………………………………………7
　1.8.　文献 …………………………………………………………8

第2章　教育メディアの変遷 ……………………………………11
　2.1.　教育メディアとは …………………………………………11
　2.2.　ICT活用の歴史的経緯 ……………………………………12
　2.3.　情報に関する学習指導要領改訂の経緯 …………………12
　2.4.　特別支援学校におけるコンピュータ利用の変遷 ………13
　　2.4.1.　特別支援学校におけるコンピュータの設置率 ……13
　　2.4.2.　特別支援教育におけるパソコン通信 ………………14
　　2.4.3.　特別支援教育の教員に要求されるコンピュータ利用
　　　　　に関する力量 …………………………………………20
　　2.4.4.　特別支援教育担当教員のコンピュータ利用
　　　　　に関する性差 …………………………………………23

2.4.5. オーストラリア・ビクトリア州の特別支援教育における
　　　　　　コンピュータ教育の課題 …………………………………… 24
　2.5. 障害種別のICTの活用事例 ………………………………… 25
　2.6. 文献 ……………………………………………………………… 27

第3章　プログラミング教育 ……………………………………… 29
　3.1. 今後のICT ……………………………………………………… 29
　3.2. プログラミング教育の必要性 ……………………………… 30
　3.3. 新学習指導要領におけるプログラミング教育 …………… 31
　3.4. プログラミング教育の教育的意義 ………………………… 31
　3.5. 文献 ……………………………………………………………… 32

第4章　デジタルメディア時代において教育委員会が求める
　　　　　教員像 ……………………………………………………… 34
　4.1. 教員像とは ……………………………………………………… 34
　4.2. 教育委員会が求める教員像 ………………………………… 37
　　　4.2.1. 調査対象および方法 ………………………………… 37
　　　4.2.2. 教育委員会が求める教員像に関しての頻出語 …… 38
　　　4.2.3. 教育委員会が求める教員像に関する共起ネットワーク分析 ……… 39
　　　4.2.4. 教育委員会が求める教員像に関する階層的クラスター分析 ……… 42
　4.3. 文献 ……………………………………………………………… 45

第5章　デジタルメディア時代における学習意欲 …………… 48
　5.1. 学習意識 ………………………………………………………… 48
　5.2. 大学生の学習意欲 ……………………………………………… 49
　5.3. 大学生の学習意欲に関する意識の分析 …………………… 51
　　　5.3.1. 調査対象および方法 ………………………………… 51

5.3.2.　授業外学習時間と回答理由 …………………………… 51
　　5.3.3.　学習意欲の低下理由 ………………………………… 51
　　5.3.4.　学習意欲の向上 …………………………………… 52
　5.4.　結果 ………………………………………………… 52
　　5.4.1.　学習時間 ……………………………………………… 52
　　5.4.2.　授業外学習時間の回答理由 ………………………… 52
　　5.4.3.　学習意欲の低下理由 ………………………………… 54
　　5.4.4.　学習意欲の向上 ……………………………………… 58
　5.5.　文献 ………………………………………………… 60

第6章　アクティブ・ラーニングと遊び …………………… 62
　6.1.　アクティブ・ラーニング ………………………………… 62
　6.2.　遊びとは ……………………………………………… 63
　　6.2.1.　ホイジンガ ……………………………………………… 63
　　6.2.2.　カイヨワ ……………………………………………… 64
　6.3.　遊びの権利宣言 ……………………………………… 65
　6.4.　遊びの面白さ ………………………………………… 65
　　6.4.1.　エリス ………………………………………………… 65
　　6.4.2　チクセントミハイ ……………………………………… 66
　6.5.　遊びの経験や遊びの意識 ……………………………… 67
　　6.5.1.　調査対象および方法 ………………………………… 67
　　6.5.2.　幼児の頃の遊び ……………………………………… 68
　　6.5.3.　小学生の頃の遊び …………………………………… 71
　　6.5.4.　遊びの意識 …………………………………………… 74
　6.6.　文献 ………………………………………………… 78

第7章　中学生・高校生時代の遊び …………………………… 81
- 7.1.　目的 ……………………………………………………………… 81
- 7.2.　調査対象および方法 …………………………………………… 81
- 7.3.　中学生時代の遊び ……………………………………………… 82
  - 7.3.1.　中学生時代の遊びに関しての頻出語 ……………………… 82
  - 7.3.2.　中学生時代の遊びに関する共起ネットワーク分析 ……… 82
  - 7.3.3.　男女別 …………………………………………………………… 85
  - 7.3.4.　学部別 …………………………………………………………… 86
- 7.4.　高校生時代の遊び ……………………………………………… 87
  - 7.4.1.　高校生時代の遊びに関しての頻出語 ……………………… 87
  - 7.4.2.　高校生時代の遊びに関する共起ネットワーク分析 ……… 88
  - 7.4.3.　男女別 …………………………………………………………… 90
  - 7.4.4.　学部別 …………………………………………………………… 90
- 7.5.　文献 ……………………………………………………………… 94

第8章　テレビゲームに関する意識の差異 ……………………… 95
- 8.1.　目的 ……………………………………………………………… 95
- 8.2.　調査対象および方法 …………………………………………… 95
- 8.3.　テレビゲームに関する意識の差異 …………………………… 96
  - 8.3.1.　テレビゲームに関する意識の頻出語 ……………………… 96
  - 8.3.2.　テレビゲームに関する意識の共起ネットワーク分析 …… 96
  - 8.3.3.　男女別 …………………………………………………………… 98
  - 8.3.4.　学部別 …………………………………………………………… 100
- 8.4.　文献 ……………………………………………………………… 102

第9章　遊びの要素を取り入れた授業 …………………………… 103
- 9.1.　遊びの要素を取り入れた授業 ………………………………… 103

目次

- 9.2. 授業に遊戯性を導入した事例 …………………………… 104
- 9.3. 遊びとゲームの違い …………………………………… 105
- 9.4. ゲーム要素を取り入れた授業デザイン ………………… 106
- 9.5. デジタルゲームを利用した学習活動の課題 …………… 107
- 9.6. 子どもの自主性とゲームの関係 ………………………… 108
- 9.7. 補助具としてのビデオゲーム機器 ……………………… 109
- 9.8. 文献 ……………………………………………………… 109

第10章 遊びとしてのビデオゲーム ……………………………… 112
- 10.1. 遊びとしてのビデオゲーム …………………………… 112
- 10.2. ビデオゲームによる遊びの記録 ……………………… 115
- 10.3. なぜビデオゲームは面白いのか ……………………… 116
- 10.4. 文献 ……………………………………………………… 119

第11章 ビデオゲームプレイ中のストレス ……………………… 122
- 11.1. ビデオゲームプレイ中の生体信号 …………………… 122
- 11.2. ビデオゲームプレイ中のストレス評価 ……………… 124
- 11.3. 文献 ……………………………………………………… 127

第12章 ゲーム・リテラシー教育の教材 ………………………… 129
- 12.1. ゲーム・リテラシーとは ……………………………… 129
- 12.2. ゲーム・リテラシー教育の意義 ……………………… 130
- 12.3. ゲーム・リテラシー教育の教材内容 ………………… 131
  - 12.3.1. 分析対象および方法 ……………………………… 131
  - 12.3.2. ゲーム・リテラシー教育の教材 ………………… 131
  - 12.3.3. ゲーム・リテラシー教育を指導する際の資料 … 136
- 12.4. 文献 ……………………………………………………… 140

あとがき ……………………………………………………………… 143

第1章　デジタルメディア時代における資質・能力

1.1. 教育方法

　教員は子どもたちに深い愛情をもち，楽しく，よく分かる授業を行うことが重要である。そのためには，教育方法に関する知識を学ぶ必要がある。

　つまり，教育方法は，子どもたちが幸せに生きるための行動力や知識などを身につけることを支援するためにあると考える。

　教育方法学は，教育者の実践の判断や選択を支えている知見を提供する学問領域であり，教師が実践的な問題解決のために活用する知識や見識を扱っている[1]。広石（2014）[2]は，「教育方法とは，教えることに特化した教育方略ではなく，広く学習者の学びを支援する工夫や知恵のことである」と述べている。また，佐藤（2010）[3]によると，「最近では，教育方法学はコンピュータやメディア教育の研究をも含むいっそう包括的なジャンルとなっている」と指摘している。

　文部科学省初等中等教育局（2018）[4]では，教職課程における教育の方法及び技術に関しては次のような全体目標を掲げている。

　　教育の方法及び技術（情報機器及び教材の活用を含む）は，これからの社会を担う子供たちに求められる資質・能力を育成するために必要な，教育の方法，教育の技術，情報機器及び教材の活用に関する基礎的な知識・技能を身に付ける。

　また，情報機器及び教材の活用の一般目標および到達目標は次の通りである。

一般目標

情報機器を活用した効果的な授業や適切な教材の作成・活用に関する基礎的な能力を身に付ける。

到達目標

(1) 子供たちの興味・関心を高めたり課題を明確につかませたり学習内容を的確にまとめさせたりするために，情報機器を活用して効果的に教材等を作成・提示することができる。

　　幼稚園教諭は，子供たちの興味・関心を高めたり学習内容をふりかえったりするために，幼児の体験との関連を考慮しながら情報機器を活用して効果的に教材等を作成・提示することができる。

(2) 子供たちの情報活用能力（情報モラルを含む）を育成するための指導法を理解している。

1.2. デジタルメディア

デジタルメディアとは，状態そのままの連続量（アナログ）としてではなく，数値に変換したデジタル情報を記録・伝達する電子機器のことである。またデジタル情報は，①データ量の圧縮が可能，②通信・複製時の劣化がない，③コンピュータ処理が容易，④再生したい情報の瞬時の取り出しが可能，⑤オンデマンド（利用者の要求に合わせた）情報提供が容易であり，デジタルメディアでは，文字だけでなく音声・画像・映像を取り込んで，それらを編集して記録，加工処理，通信ができるという特長がある[5]。

1.3. デジタルメディア社会

井門（2006）[6]は，デジタルメディア社会とは，「社会システムのあらゆる側面において情報媒体がデジタル化されている社会」と定義でき，キーワードは「デジタル」，「ネットワーク」，「マルチメディア」，「グローバル」，「バーチャルリアリティ」等が挙げられると述べている。また，「このデジタル

メディア社会にあって，私たちが生活するために求められるメディアリテラシーは，新たな局面を迎えている」と指摘している。

現在では，デジタルメディアの中で最も利用されているのはパソコンやスマートフォンである。パソコンやスマートフォンを利用すれば，世界中の情報を収集できる。また，誰でも情報を発信できる時代であり，デジタルメディア時代といえる。

1.4. キー・コンピテンシー

デジタルメディア時代においては，社会の変化が激しくなる。したがって，人間の基本的な能力はどのようなものであり，各国の教育や産業の分野で求められる能力はどのような違いがあるのか検討することは重要である[7]。

「キー・コンピテンシー」とは，1997年に着手され2003年にかけて，経済協力開発機構（OECD）が複雑化した社会に人々が適合するための能力を明らかにするために，DeSeCo（Definition and Selection of Competencies：コンピテンシーの定義と選択）というプロジェクトを組織し，明らかにした能力である[8]。

このプロジェクトでは，知識や技能の習得に絞ったこれまでの能力観には限界があり，むしろ学習への意欲や関心から行動や行為に至るまでの広く深い能力観，コンピテンシー（人の根源的な特性）に基礎づけられた能力への転換が必要となってきていると考えたのである[9]。

立田（2014）[10]によると，「キー・コンピテンシー」は，次のような3つの力と下位の3つの能力から構成され，その核となるのは「考える力」であると述べている。

①相互作用的に道具を用いる力
　A．言語，記号，テクストを相互作用的に用いる力
　B．知識や情報を用いる相互作用的に用いる力

C．技術を相互作用的に用いる力
　②自律的に活動する力
       A．大きな展望の中で活動する力
       B．人生計画や個人的活動を設計し実行する力
       C．自らの権利，利害，限界やニーズを表明する力
　③異質な集団で交流する力
       A．他者と良好な関係を作る力
       B．協力する力
       C．争いを処理し解決する力

　「キー・コンピテンシー」の概念が，PISA などの国際調査にも取り入れられ，世界に大きな影響を与えた。DeSeCo のキー・コンピテンシー以外に，諸外国でも教育改革における資質・能力の目標について検討された。諸外国における資質・能力の目標は次の通りである[11]。

　イギリスではキースキルと呼ばれ，オーストラリアでは汎用的能力など，呼び方は異なるが，21世紀に求められる資質・能力を定義し，それを基礎にしたナショナルカリキュラムを開発する取り組みが潮流となっている。また，北米を中心として進められた「21世紀型スキル」は，情報リテラシーやICT リテラシーなどが重視されている。どの目標も，言語や数，情報を扱う基礎的なリテラシーと，思考力を中心とする高次認知スキル，社会や他者との関わる社会スキルの3層に大別できるのである。

1.5. 知識基盤社会

　日本においても，デジタルメディア時代で必要とされる資質・能力について検討されている[12]。

　2005年10月の中央教育審議会における「新しい時代の義務教育を創造する（答申）」では，これからの学校の役割を次のように指摘している[13]。

工業化社会から知識基盤社会へと大きく変化する21世紀においては，単に学校で知識・技能を習得するだけではなく，知識・技能を活かして社会で生きて働く力，生涯にわたって学び続ける力を育成することが重要である。そのためにも，21世紀の学校は，保護者や地域住民の教育活動や学校運営への参画等を通じて，社会との広い接点を持つ，開かれた学校，信頼される学校でなければならない。

　ここでいう「知識基盤社会」とは，2005年1月の中央教育審議会における「我が国の高等教育の将来像（答申）」[14]では，以下の内容が挙げられている。

①知識には国境がなく，グローバル化が一層進む。
②知識は日進月歩であり，競争と技術革新が絶え間なく生まれる。
③知識の進展は旧来のパラダイムの転換を伴うことが多く，幅広い知識と柔軟な思考力に基づく判断が一層重要となる。
④性別や年齢を問わず参画することが促進される。

　また，2008年1月の中央教育審議会答申「幼稚園，小学校，中学校，高等学校及び特別支援学校の学習指導要領等の改善について（答申）」[15]の中で，次のように述べられている。

　社会において，自己責任を果たし，他者と切磋琢磨しつつ一定の役割を果たすためには，基礎的・基本的な知識・技能の習得やそれらを活用して課題を見いだし，解決するための思考力・判断力・表現力等が必要である。しかも，知識・技能は，陳腐化しないよう常に更新する必要がある。生涯にわたって学ぶことが求められており，学校教育はそのための重要な基盤である。

このように，新しい知識があらゆる活動の基盤として重要であり，問題解決能力といった高度な知的能力が求められるようになってきた。したがって，今後の「知識基盤社会」では，情報及び情報機器等の活用が社会生活において必要不可欠なものとなるので，ICT（Information and Communication Technology：情報通信技術）活用スキルや情報リテラシーなどの向上を図る必要がある。また，情報モラルに関する知識の習得など，情報を適切に活用する能力を育成していく必要がある。

1.6. 21世紀型能力

21世紀は，グローバル化が進展し，あらゆる分野で知識・情報・技術が重要な価値をもつ知識基盤社会である。また，デジタル化された情報を大量に取り扱うデジタル社会でもある。このように急速に社会が変化するので，教師はデジタルメディア時代の変化に対応する指導力が求められている。

国立教育政策研究所（2013）[16]は，「21世紀型能力」（図1-1）を提案した。今後の子どもたちに必要な能力として，知識を身につけるだけでなく，知識を活用して課題を解決する力や自ら学び続ける力が重要なのである。また，今後の教育課程に導入することを提唱している。

「21世紀型能力」とは，「基礎力」（言語スキル，数量スキル，情報スキル），「思考力」（問題解決・発見力・創造力等），「実践力」（自律的活動力・人間関係形成力等）の三層で構成されている。これらの3つの力は，教科・領域横断的に学習することが求められる能力として抽出されたものである[17]。その内，「基礎力」とは，言語・数量・情報を道具として目的に応じて使いこなす力である。情報化が進む中，生き抜く基礎力として「ICTスキル」や「情報リテラシー」が不可欠であるとしている。

また，「思考力」とは，一人一人が自ら学び判断し自分の考えを持って，他者と話し合い，よりよい解や新しい知識を創り出し，次の問いを見つける力である。さらに，「実践力」とは，日常生活や社会，環境の中に問題を見

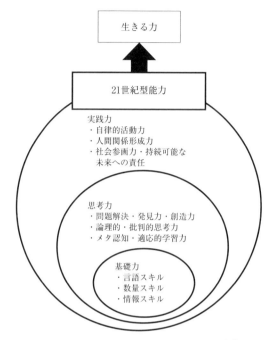

図1-1 21世紀型能力（国立教育政策研究所（2013）[16]を基に作成）

つけ出し，社会にとって価値のある解を導くことができ，社会に発信し協調的に吟味することを通して他者や社会の重要性を感得できる力と定義している。

1.7. 生きる力

2007年の学校教育法の一部改正では，「知識基盤社会」の時代において，ますます重要となる「生きる力」という理念を継承し，「生きる力」を支える「確かな学力」，「豊かな心」，「健やかな体」の調和を重視したのである[18]。

学力の重要な要素としては，①基礎的・基本的な知識・技能の習得，②知

識・技能を活用して課題を解決するために必要な思考力・判断力・表現力等，③学習意欲であるとされた[19]。

中央教育審議会答申（2008年1月）[20]では，「生きる力」という理念の共有などの改訂のポイントが示された。「生きる力」が「変化の激しいこれからの社会を生きるための知・徳・体の『確かな学力』，『豊かな心』，『健やかな体』のバランスのとれた力」であるとされている[19]。

「確かな学力」とは，「基礎・基本を確実に身に付け，自ら課題を見付け，自ら学び，自ら主体的に判断し，行動し，よりよく問題を解決する資質や能力」であること。

「豊かな心」とは，「自らを律しつつ，他人とともに協調し，他人を思いやる心や感動する心などの豊かな人間性」であること。

「健やかな体」とは，「たくましく生きるための健康や体力など」であることとされている。

2012年の第2期教育振興基本計画の審議経過報告[21]では，「社会を生き抜く力の養成」が「自立」，「協働」，「創造」を軸とした生涯学習社会の基盤に位置づけられた。

1.8. 文献

［1］ 佐藤学，『教育の方法』，p.5，放送大学教育振興会，2008．
［2］ 広石英記，「まえがき」，広石英記（編著），『教育方法論』，p.5，一藝社，2014．
［3］ 佐藤学，『教育方法学』，p.4，岩波書店，2010．
［4］ 文部科学省初等中等教育局教職員課，『教職課程認定申請の手引き（平成31年度開設用）』，p.136，2018．
http://www.mext.go.jp/component/a_menu/education/detail/__icsFiles/afieldfile/2018/01/16/1399047.pdf（2018.4.22取得）
［5］ 黒上春夫，「デジタルメディア」，日本教育工学会（編），『教育工学事典』，pp.375-377，実教出版，2000．
［6］ 井門正美，「社会系教科におけるメディアリテラシー教育―メディアの活用と

メディアリテラシーの育成―」『日本社会科教育学会社会科教育研究』, No.98, pp.68-83, 2006.
[7] 小孫康平,「デジタル社会で必要とされる資質・能力および教育方法―構成主義学習理論の視点から―」, 皇學館大学教育学部 (編),『教育の探求と実践』, pp.83-93, 皇學館大学出版部, 2018.
[8] 松下佳代,「〈新しい能力〉による教育の変容―DeSeCo キー・コンピテンシーと PISA リテラシーの検討―」『日本労働研究雑誌』, Vol.53, No.9, pp.39-49, 2011.
[9] 井上雅彦,「「PISA 型読解力」育成のための学習指導―ディベート学習活動の可能性―」『安田女子大学紀要』, 第37号, pp.117-128, 2009.
[10] 立田慶裕,『キー・コンピテンシーの実践―学び続ける教師のために―』, 明石書店, pp.39-40, 2014.
[11] 国立教育政策研究所,『社会の変化に対応する資質や能力を育成する教育課程編成の基本原理(教育課程の編成に関する基礎的研究報告書5)』, p.13, 2013.
[12] 小孫康平,「デジタル社会の情報リテラシーと ICT の利活用」, 広石英記 (編著),『教育方法論』, pp.149-150, 一藝社, 2014.
[13] 中央教育審議会,『新しい時代の義務教育を創造する (答申)』, p.14, 2005.
[14] 中央教育審議会,『我が国の高等教育の将来像 (答申)』, p.3, 2005.
[15] 中央教育審議会,『幼稚園, 小学校, 中学校, 高等学校及び特別支援学校の学習指導要領等の改善について (答申)』, pp.8-9, 2008.
[16] 国立教育政策研究所,『社会の変化に対応する資質や能力を育成する教育課程編成の基本原理(教育課程の編成に関する基礎的研究報告書5)』, pp.26-29, 2013.
[17] 国立教育政策研究所,『資質や能力の包括的育成に向けた教育課程の基準の原理(教育課程の編成に関する基礎的研究報告書7)』, p.Ⅶ, 2014.
[18] 文部科学省,「学校教育法施行規則の一部を改正する省令の制定並びに幼稚園教育要領の全部を改正する告示, 小学校学習指導要領の全部を改正する告示及び中学校学習指導要領の全部を改正する告示等の公示について (通知)」, 2008. http://www.mext.go.jp/a_menu/shotou/new-cs/youryou/tsuuchi.pdf (2018.4.22取得)
[19] 国立教育政策研究所,『社会の変化に対応する資質や能力を育成する教育課程編成の基本原理〔改訂版〕』, p.11, 2013.
[20] 中央教育審議会,『幼稚園, 小学校, 中学校, 高等学校及び特別支援学校の学

習指導要領等の改善について（答申）』，p. 22, 2008.

[21] 中央教育審議会教育振興基本計画部会，「第2期教育振興基本計画について（審議経過報告）」, 2012.
http://www.mext.go.jp/component/b_menu/shingi/toushin/__icsFiles/afieldfile/2012/08/28/1325020_2_1.pdf（2018.4.22取得）

第2章 教育メディアの変遷

2.1. 教育メディアとは

デジタルメディア時代では，教育メディアにおいても，大きく影響を与えた。なお，教育メディアとは，「教育活動で運用されるメディアの総称である。教科書，黒板，テレビ，ビデオ，コンピュータ，実験，などの教具や教材，教育環境の総称である」と定義されている[1]。

宇治橋（2015）[2]は，日本における教育メディアの変遷を次のように整理している。

1950年代までの代表的な教育メディアとしては，ラジオや写真，レコード，教育用映画がある。視聴覚教育，放送教育の研究も盛んになり始めた。

1960年代から1970年代はテレビの時代で，テレビ学校放送番組も放送時間を増やしてきた。NHKのテレビ学校放送利用率も小学校で9割を超えるようになった。また，OHP（オーバーヘッドプロジェクター）も整備された。

1980年代は録画再生機が普及した時代といえる。VTRで教育番組を録画することが可能となった。1980年代後半になると市販のビデオ教材の利用も増えてくる。

1990年代はパソコンの時代で，教師自身がプログラミングして教材を作成したり，教育用ゲームが学校や家庭に導入されたりしたのもこの時期である。

2000年代に入ると，学校にあるパソコンがインターネットに接続されるようになる。2010年代になると，電子黒板の普及が始まった。

2.2. ICT 活用の歴史的経緯

堀田・木原（2008）[3] は，我が国における ICT 活用の歴史的経緯について，次のように整理している。

　1985年度から1989年度までにわたる「教育方法開発特別設備費（国庫補助）」によって，初等中等教育の学校現場におけるコンピュータ整備が本格的に始まった。
　1990年度から1994年度までは，第一次コンピュータ整備計画（国庫補助）による整備が続けられ，コンピュータの整備が中学校のコンピュータ教室を中心に進められた。
　1995年度から1999年度までの5年間は，第二次コンピュータ整備計画（地方交付税措置）によって，小学校のコンピュータ教室の整備が進められた。
　2000年度から2005年度までの6年間は，第三次コンピュータ整備計画（地方交付税措置）によって，すべての小・中・高等学校等のすべての授業においてコンピュータやインターネットを活用できる環境を整備することが確立された。

2.3. 情報に関する学習指導要領改訂の経緯

教育の情報化が目指すものとして，「情報教育」，「教科指導における ICT の活用」，「校務の情報化」がある。

情報に関する学習指導要領改定の概要は次の通りである[4]。

(1) 1986年4月の臨時教育審議会第二次答申
　　「情報活用能力」の概念である「情報及び情報手段を主体的に選択し活用していくための個人の基礎的な資質」が初めて示された。

(2) 1989年の学習指導要領改訂

小学校では,「コンピュータ等に慣れ親しませること」が基本方針とされ,中学校では,技術・家庭科に選択領域「情報基礎」が設置された。

(3) 1997年の文部科学省の調査研究協力者会議報告

情報教育の目標が,情報活用の実践力,情報の科学的な理解,情報社会に参画する態度の3つの観点で整理された。

(4) 1998・1999年の学習指導要領改訂

小学校では,各教科等で積極的に情報機器を活用する。中学校では,「技術・家庭」科における「情報とコンピュータ」の充実を図る。高等学校では,普通教科「情報」を新設された。

(5) 2008・2009年の学習指導要領改定

小学校では,文字入力等の基本操作や情報モラルを身につけさせることが明記された。中学校では,技術・家庭科で「プログラムによる計測・制御」をすべての生徒に履修させることになった。高等学校では,普通教科「情報」において「社会と情報」,「情報の科学」から1科目を選択必履修となった。

2.4. 特別支援学校におけるコンピュータ利用の変遷

2.4.1. 特別支援学校におけるコンピュータの設置率

1989年3月末の学校へのコンピュータの設置率は,盲学校では91.0%,聾学校では95.2%,養護学校(主に知的障害児,肢体不自由児,病弱児・虚弱児を対象にした学校)では55.4%,特別支援教育諸学校全体では62.9%であった。また,1校当たりの平均設置台数は,盲学校では4.6台/校,聾学校では6.5台/校,養護学校では2.9台/校,特別支援教育諸学校全体では3.8台/校であった[5]。

1990年3月末のコンピュータの設置率は,盲学校では92.5%,聾学校では

95.3％，養護学校では65.3％となっている。また，コンピュータを操作できる教員は，盲学校で28.1％，聾学校は21.8％で，養護学校では12.4％となっている。このように，設置率では高等学校（97.8％）に次いで高いが，操作できる教員は高等学校（32.8％），中学校（18.3％）と比較すると養護学校で低いことが分かる[6]。

「平成12年度学校における情報教育の実態等に関する調査結果」（2001年3月31日現在）[7]によると，コンピュータを操作できる教員数は，盲・聾・養護学校で73.6％（1999年度54.2％）であった。また，コンピュータで指導できる教員数は，盲・聾・養護学校で27.7％（1999年度20.5％）であった。

「平成28年度学校における教育の情報化の実態等に関する調査結果（概要）(2017年3月1日現在）」[8]によると，特別支援学校では，教育用コンピュータの台数は47,908台であった。また，教育用コンピュータの1台当たり児童生徒数は2.8人／台であった。

2.4.2. 特別支援教育におけるパソコン通信

1987年当時，我が国においてインターネットはまだ普及していなかった。パソコン通信（通信回線によるデータ通信）はまだ始まったばかりで，特別支援教育での実践例は見当たらなかった。また，パソコン通信が筋ジストロフィー症（身体の筋肉が壊れやすく再生されにくい症状をもつ，たくさんの疾患の総称）児にとってどのような心理的変化をもたらすかは，十分検討されていなかった。

そこで，小孫（1989）[9]はパソコン通信を用いた教材を開発し，実践するとともに，パソコン通信が心理面においてどのように変化するかをイメージ調査（SD評定）や状態不安調査などから検討した。その結果，パソコン通信による能動的活動が情緒安定をはかり，意欲の喚起をもたらす可能性を認めた。特に海外との国際パソコン通信によって，視野の拡大および総合的学習に発展させることができるということを明らかにした。なお，被験者は高

等部の選択教科「情報処理」を受講している筋ジストロフィー症児4名であった。

授業の内容および評価の概要を表2-1に示す。

国内のパソコン通信を利用して，メッセージなどを交換したが，より社会的事象に対する興味・関心を引き出し，ひいては生きる意欲につなげたいと考え，国際パソコン通信を1988年1月より実施した。国際パソコン通信を取り入れた理由は以下の通りである。

(1) 海外との交流を日常的に達成することで，視野の拡大および国際理解を育成することができる。
(2) 語学面のみならず，社会・数学・理科などの総合的な学習に発展させることができる。
(3) 臨場感や異なった視点に立って物事を考える面白さを与えることができる。

授業では，イギリスの学校とKDDの国際データ伝送用回線（VENUS-P）で結び，イギリスの教育用ホストコンピュータシステムであるTTNS（The Times Network Systems）を用いて国際パソコン通信を行った。

ここでは，国際パソコン通信を用いて牛肉の値段を比較するという単元を取り上げる。

(1) 指導内容
①牛肉とオレンジの自由化問題について，新聞などで調べる。
②日本の牛肉の値段について調べる。
③親に聞く。新聞広告で調べる。
④スーパーマーケットに出かける。
⑤イギリスの牛肉の値段を教えてほしいというメールを出す。
⑥返事のメールを受け取る。

表 2-1　授業の内容および評価の概要[9]

年月	回数	ねらい	授業内容および評価
1987年9月	6回	パソコン通信について知る	・パソコン通信に関するビデオを見る ・パソコン通信に関する新聞記事を読む 　イメージ調査（1回目）
10月	6回	操作方法を習得する	・パソコン通信の操作方法を理解する ・通信ソフトの使い方を習得する ・パスワードの重要性について理解する ・アップロード、ダウンロードの仕方を知る
11〜12月	10回	情報を検索する	・各種の情報を検索する ・メールを送る ・新聞記事を検索する
1988年1月	6回	国際パソコン通信について知る	・国際パソコン通信について学習する ・イギリスの地理、歴史、経済などについて調べる ・自己紹介文を日本語で書く
2月	6回	メッセージを送る	・辞書を参考にして英作文を作り電子メールで送る ・自己紹介文の返事を受け取る 　状態不安調査（1回目） ・イギリスの行事について質問する
3月〜4月	10回	日本の行事について調べる	・日本の行事、気候、文化などについて調べ、送る 　イメージ調査（2回目） ・相撲の歴史、ルールを調べメールを送る
5月〜6月	14回	牛肉の値段を比較する	・イギリスの牛肉の値段について質問する ・日本の牛肉の値段を比較して原因を考える 　状態不安調査（2回目）
7月	6回	夏休みについて質問する	・夏休みの計画を立て、メッセージを送る ・イギリスの夏休みについて質問する
9月	6回	夏休みの過ごし方の違いを知る	・夏休みの過ごし方の違いについて話し合う ・感想、問題点などについて発表する 　イメージ調査（3回目）

⑦各国の為替相場について調べる。
⑧各国の通貨単位について調べる。
⑨円高になると,どうなるのか意見を発表する。
⑩換算の仕方を学ぶ。
⑪重さの単位について調べる。
⑫イギリスの肉,100gにつき日本円でいくらになるのか計算する。
⑬日本の肉の値段と比較する。
⑭牛肉が自由化になると,どうなるのか意見を発表する。

(2) 授業の様子

　生徒の内の一人が最近,日本の牛肉は高いといわれているが,本当に高いのだろうか調べてみたいというのがきっかけであった。さっそく国際パソコン通信を使ってイギリスの学校に問い合わせた。返事を待っている間に日本の牛肉の値段を調べようということになり,新聞広告や親に尋ねたりして値段を調べた。なかにはスーパーマーケットに出かけ実際に調べた者もいた。数日後に返事が戻ってきた。そこで,為替相場に関する資料を手渡して,日本円でいくらになるのか計算した。これは割合の勉強になった。

　その結果,あまりにも安いので全員が驚いた。なぜ日本の牛肉は高いのか,高ければ高いほど日本では売れるのではないかなど,いろいろな意見が出された。また,今まで牛肉とオレンジの自曲化問題を聞いても関心がなかったが,この授業の後は,大いに関心を持ったと感想を述べる生徒もいた。

　本研究は,筋ジストロフィー症児がパソコン通信を行うことで,心理面において,どのように変化するかを明らかにするとともに,彼等の社会的事象に対する興味・関心を引き出し,ひいては生きる意欲の喚起を図るものであった。

　イメージ調査の結果から,心理面の変化で大きく2つのタイプに分けることができる。

(1) タイプ1

2名の被験者は，最初はあまりイメージが良くなかったが，2回目，3回目と次第にイメージが良くなっていくタイプである。

(2) タイプ2

2名の被験者は，最初のイメージが強すぎたためか，2回目にはイメージが悪くなる。しかしながら3回目にはイメージが再び上昇するというタイプである。

また，状態不安調査の結果から2回目の方が1回目に比べると心理的安定度が良いということがわかる。

このように，それぞれ異なった心理面の変化が示された。自宅から通学している被験者2名は，卒業後も自宅で療養する予定である。そのために，今からパソコン通信を学習して活用していこうとする積極的な態度がこのような評価につながっていると考えられる。

ある生徒は自宅療養になると，なかなか情報が入らなくなり社会から孤立してしまう可能性がある。そこで，パソコン通信を用いてコミュニケーションの拡大を図りたいと述べている。このことからもわかるように，パソコン通信は自立のための手段と考えていることがわかる。

一方，残りの2名もパソコン通信は大いに続けたい，非常に面白いと答えていることからわかるように，パソコン通信に対して期待していることがわかる。

この少ない事例から普遍化を図ることは危険であるが，障害が重度であってもパソコン通信による能動的活動が情緒の安定を図り意欲の喚起をもたらす可能性を認めたことは興味深い。特に，国際パソコン通信によって視野の拡大および総合的な学習に発展させることができたことは意義が深い。

しかしながら，単に自己紹介などのメッセージを交換するというだけでは，すぐに飽きがきてしまう恐れがあるので注意を要する。そのためには現在，話題となっている事がらを取り上げ，他の国から見た場合どうなるのか，と

いった具合に異なった視点に立って物事を考えるようにさせる。

　すなわち，「視点の転換」をすることにより，自分の姿を見つめなおす習慣をつけさせることが重要である。また，相手に伝えたい，聞きたい内容については生徒同士で意見を出させ，自分たちが達成したいと思う目標を見極めさせ，そのためには何をすればいいのか自覚できるように指導する必要がある。

　今後の課題は次のとおりである。

(1) パソコン通信を行うことで，実際何が，どの程度心理面および学習面において変化するかについては，今後も長期間にわたって詳しく吟味していく必要がある。

(2) イギリス以外の学校と交信するとともに興味ある教材を開発する。さらに画像通信も取り入れていく。

(3) 病気の進行に伴い，上肢機能が低下する。その結果，文章を入力する際，時間がかかるなどの困難が生じてくる。したがって，スムーズに入力できるキーボードなどの開発を進めていく必要がある。

　小孫（1994）[10]は，特別支援教育においてパソコン通信を推進していく上での問題点を明らかにし，その方策についても検討した。

　また，小孫（1996）[11]は，特別支援教育に携わる教員を対象にパソコン通信に対する不安感に関して，どのような要因が大きな影響力を持っているのかを解明し，今後のパソコン通信の有効利用のための方策を検討した。数量化理論Ⅱ類を用いて分析を行った結果，パソコンの利用経験年数及び年齢が不安に対して大きく寄与していることなどを明らかにした。

　さらに，小孫（1997）[12]は，コンピュータ教育の問題点及びテクノストレス症候群的傾向と心理特性，背景要因との関連性を検討した。

2.4.3. 特別支援教育の教員に要求されるコンピュータ利用に関する力量

特別支援教育に携わる教員，特に初心者及び指導者としてコンピュータ利用に関して備えるべき力量を調べるために，コンピュータの経験年数が1年以上の特別支援教育にコンピュータを利用している教員及び研究者を対象に，力量に関する調査を実施した[13]。

特別支援教育に携わる初心者の教員及び指導者として，コンピュータ利用に関して備えるべき力量について25項目を設定した。これらの項目は次のような4領域に分けられる。なお，初心者とは，ほとんどパソコンに触れたことがない教員，指導者とは，コンピュータを活用して初心者を指導できる人とした。

①パソコン利用の教育的意義（3項目）
②パソコンについての知識と操作（10項目）
③学習指導におけるパソコン利用（9項目）
④学較経営におけるパソコン利用（3項目）

これらの各項目の重要度を，次のような記号で評定してもらった。

◎：特別支援教育に携わる教員として必ず備えなければならない力量
○：特別支援教育に携わる教員としてできれば備えておいた方がよい力量
無記入：どちらでもよい力量，または分からない場合

回答者（88名）に，初心者及び指導者として，コンピュータに関して必要と思われる力量について，どのような枠組みがあるかを解明するために，25項目について因子分析を行った。分析に当たっては，◎は2点，○は1点，無記入は0点として数値化を行い，主因子解を求め，バリマックス回転を行った。その結果は以下の通りである。

(1) 初心者についての因子

第1因子では,「CAI 学習ソフトウェアを作成することができる」,「CAI 学習ソフトウェアを設計することができる」,「パソコンについての校内研修を推進することができる」,「LOGO を使って簡単なプログラムを作成することができる」,「パソコンを用いてデータの整理をすることができる」などの因子負荷量が大きくなっている。ここでは,「ソフトウェア開発・指導能力」と命名した。

第2因子では,「パソコンを教具として利用することができる」,「パソコンを各教科の指導において利用することができる」,「パソコンを養護・訓練の指導において利用することができる」,「パソコンを職業指導において利用することができる」,「障害児教育におけるパソコン利用の目的を理解し,活用できる」などの因子負荷量が大きくなっている。ここでは,「特別支援教育におけるパソコン利用能力」と命名した。

第3因子では,「グラフィックソフトウェアを利用することができる」,「データベースソフトウェアを利用することができる」,「表計算ソフトウェアを利用することができる」,「パソコン通信を教育で利用することができる」,「データファイルを作成することができる」などの因子負荷量が大きくなっている。ここでは,「応用ソフトウェア利用能力」と命名した。

第4因子では,「ワープロソフトウェアを利用することができる」,「キーボードの基本操作ができる」,「既成の CAI 学習ソフトウェアを利用することができる」,「学校事務を効率的に行うためにパソコンを利用することができる」などの因子負荷量が大きくなっている。ここでは,「基本操作・基本ソフトウェア利用能力」と命名した。

以上,4つの基底因子が抽出出来た。しかしながら,第1因子,第2因子,第3因子は,いずれも負の因子負荷量となっている。すなわち,負の相関を持っている。一方,第4因子は正の相関を持っている。従って,初心者において求められている力量は,第4因子の「基本操作・基本ソフトウェア利用

能力」を重視していることが分かる．

(2) 指導者についての因子

第1因子では，「表計算ソフトウェアを利用することができる」，「データベースソフトウェアを利用することがでる」，「ワープロソフトウェアを利用することができる」，「グラフィックソフトウェアを利用することができる」などの因子負荷量が大きくなっている．ここでは，「ソフトウェア利用能力」と命名した．

第2因子では，「CAI学習ソフトウェアを作成することができる」，「CAI学習ソフトウェアを設計することができる」，「オーサリングツールを用いて教材を作成することができる」，「LOGOを使って簡単なプログラムを作成することができる」，「既成のCAI学習ソフトウェアを利用することができる」などの因子負荷量が大きくなっている．ここでは，「教材作成能力」と命名した．

第3因子では，「パソコンを養護・訓練の指導において利用することができる」，「障害児教育におけるパソコン利用の目的を理解し活用できる」，「パソコンを各教科の指導において利用することができる」，「パソコンを教具として利用することができる」，「パソコン通信を教育で利用することができる」などの因子負荷量が大きくなっている．ここでは，「特別支援教育におけるパソコン利用能力」と命名した．

第4因子では，「プログラム言語を用いて簡単な図形を作成することができる」，「BASICを使って簡単なプログラムが作成できる」などの因子負荷量が大きくなっている．ここでは，「プログラム作成能力」と命名した．

以上，4つの基底因子が抽出できた．第1因子及び第4因子は負の相関係数を，第2因子及び第3因子は正の相関関係を持っている．従って，指導者において求められている力量は，第2因子の「教材作成能力」及び第3因子の「特別支援教育におけるパソコン利用能力」を重視していることが分かる．

以上の結果を踏まえて，ここでは，特別支援教育におけるパソコン利用のための教員研修のあり方についてまとめて述べる。

(1) 初心者におけるコンピュータ研修

本研究で明らかになったように，パソコンの操作の習得，及び利用形態（CAI，CMI）の理解を習得する基礎コースを設ける必要がある。一番重要なのは，コンピュータが，特別支援教育においてどのような効果があるのか，また，可能であるのかを研修することである。

(2) 指導者におけるコンピュータ研修

指導者にとって必要と思われる力量は，「教材作成能力」や「特別支援教育におけるパソコン活用能力」である。従って，教材開発に関する研修カリキュラムを組むことが望まれる。具体的には，オーサリングツールを用いた教材作成や，グラフィックやアニメーションなどを組み込めるソフトウェアを作成する内容も取り入れる必要がある。また，特別支援教育におけるパソコン利用の教育的意義についての研修も必要となる。更に，特別支援教育における学習指導での利用方法についての研修（各教科，養護・訓練，職業教育における利用）も必要となる。

2.4.4. 特別支援教育担当教員のコンピュータ利用に関する性差

特別支援教育に携わる教員の中でパソコン経験年数が1年未満の者を対象に，男性（164名）と女性（232名）とでは特別支援教育におけるコンピュータ利用や研修等に対する考え方の違いを，単純集計や数量化Ⅰ類等を用いて比較検討した[14]。その結果，コンピュータ接触率・利用率，コンピュータに対する期待度，研修会参加率等において，男性の方が女性よりもコンピュータに好意的であることがわかった。しかし，コンピュータに対するイメージでは，「人間的－機械的」，「好き－嫌い」の項目においては，性差は影響を

及ぼさないことが明らかになった。

2.4.5. オーストラリア・ビクトリア州の特別支援教育におけるコンピュータ教育の課題

コンピュータの普及に伴い，わが国の特別支援教育諸学校におけるコンピュータ利用が急速に進みつつある。特別支援教育のコンピュータ利用の内容も，教科指導や養護・訓練での利用，教材開発や評価など多岐にわたっている。一方，諸外国での特別支援教育においてもコンピュータ利用の学習支援が進んでおり，コンピュータ教育の有効性に関する研究が盛んに行われている。しかしながら，コンピュータ教育を進める上での課題に関する研究は少ない。中でも，オーストラリアの特別支援教育諸学校におけるコンピュータ教育の課題に関する研究は，ほとんど見当たらない。そこで，小孫 (1997)[15]は，コンピュータ教育について，オーストラリアの州の中でも指導的な立場にあるビクトリア州を対象に調査を実施し，コンピュータ教育の課題を明らかにすると共に，これら課題に関与する要因を探ることを目的とした。

対象者はビクトリア州の全ての公立の特別支援教育諸学校83校の学校長およびコンピュータ教育担当教員である。各項目に対し，「非常に賛成」（5点）から「非常に不賛成」（1点）まで5件法により回答を求めた。その結果，58校（69.9%）から回答が得られた。コンピュータ教育の課題の22項目に関して，因子分析により因子構造を確認した。固有値の減少傾向とバリマックス回転後の解釈可能性から3因子を抽出した。

第1の因子は，学校の教育課程に合うソフトウェアの不足，利用上の問題点などに関する項目が中心であり，「ソフトウェア関連課題」の因子とした。

第2の因子は，コンピュータや周辺機器の不足，財政的な援助の問題などの項目を含んでおり「ハードウェアおよび運営関連課題」の因子とした。

第3の因子は，教師のコンピュータ利用についての知識・技術面の課題やコンピュータ教育の研修などに関しての項目が中心であり，「教員のリテラ

シー教育関連課題」の因子とした。

次に，平均値および肯定率の高い項目を見ると，第 1 因子では，「教授目的に合ったソフトウェアが十分にない」が3.26，53.4％であった。第 2 因子では，「コンピュータの型が古く現在のソフトウェアが使えない，処理が遅い，記憶容量が少ないなど，コンピュータに問題がある」が3.59，65.5％，「財政的な援助が不十分である」が3.59，60.3％，「利用できるコンピュータの数が少ない」が3.45，63.8％であった。第 3 因子では，「教育におけるコンピュータ利用についての知識や技術が教師に欠けている」が3.59，69.0％，「教師が，効果的な学習指導のためにコンピュータを利用するのに参考となるような専門技術書や指導書が不十分である」が3.43，58.6％であった。

コンピュータ教育の課題としては，コンピュータ利用についての知識や技術が教師に欠けている，コンピュータの型が古い，という悩みがあり，財政的な援助を期待している者が多い。また，教員のリテラシー教育関連課題に関しては，「インターネットの利用および導入計画」の要因が最も関与していることが示唆された。このように，当時は，まだコンピュータを活用した指導できる教員は少なかったのである。海外も同様の問題点があった。

その後，我が国では教育用コンピュータ整備のための補助金，情報教育の充実に伴う研修，コンピュータの性能の向上があり，今日に至っている。

2.5. 障害種別の ICT の活用事例

特別支援を必要としている児童生徒は，その障害の状態等により情報の収集，処理，表現及び発信などに困難を伴うことが多く，個々の実態に応じた情報活用能力の習得が求められている。したがって，障害の種類や程度に対応した情報機器は重要となる。

小孫 (1985)[16] は，筋ジストロフィー症児の訓練意欲を高めるための呼吸訓練機器を開発した。本機器は，パソコンに A/D ボードやマイク等を取り付けてある。マイクに向かって発声するとパンダの絵が現れる。また，玩具

の消防士がはしごを登っていく。訓練意欲を高めるために遊びの要素やゲーム性を取り入れてある。ある生徒は、「今までの発声訓練とは違って、パンダの絵が現れたり、玩具の消防士がはしごを登ったりするので、もっと高く登らせようと思って長く発声しようとする意欲が出てくる」との感想を述べた。

現在のコンピュータをはじめとする情報機器は、障害児にとって利用しやすい仕様になっていない。障害による操作上の困難や障壁を、機器を工夫することによって支援するというアシスティブ・テクノロジー (Assistive Technology：支援技術) の考え方に基づいた ICT の活用が非常に重要になる[17]。

独立行政法人国立特別支援教育総合研究所[18]では、次のような障害種別の ICT の活用事例を報告している。

(1) 視覚障害
- タブレット PC の「筆順辞典」アプリを活用した事例
  弱視児童がタブレット PC の拡大機能と「筆順辞典」アプリを用いて漢字の書き取りを行った。
- 全盲の生徒が画面読み上げソフトと検索エンジンを用いて文書作成を行った事例

(2) 聴覚障害
- 無線 LAN を利用しタブレット PC に要約筆記を表示させた事例
- タブレット PC を利用し自己学習を行った事例
  自分の発音（母音）がタブレット PC 画面に表記され正しい発声訓練ができる等、自分が利用できる時間に自分のペースで自己学習が深められた。

(3) 知的障害
- 携帯情報端末を活用した意思の伝達に関する学習の事例

・テレビ電話システムを活用して電話での丁寧な受け答えや指示に応じる学習の事例
(4) 肢体不自由
・タブレット PC を筆記具として活用した事例
手にマヒがあり筆記が難しい生徒が口にくわえたタッチペンでタブレット PC を操作して，タブレット PC 上のキーボード入力を行いノートテイクが可能となった。
・タブレット PC を活用した写真撮影の事例
(5) 病弱・身体虚弱
・テレビ会議システム等を用いた遠隔教育の事例
テレビ会議等のシステムを使用した遠隔教育で，離れた場所からの教育，体調に応じてタイムラグを考慮した教育が実施できた。

2.6. 文献

[1] 生田孝至，「教育メディア」，日本教育工学会（編），『教育工学事典』，pp. 163-164，実教出版，2000.
[2] 宇治橋祐之，「多様化する教育メディアの現状－放送メディアの拡張と深化から－」『放送メディア研究』，12号，pp. 13-37，2015.
[3] 堀田龍也，木原俊行，「我が国における学力向上を目指したICT活用の現状と課題」『日本教育工学会論文誌』，Vol. 32，No. 3，pp. 253-263，2008.
[4] 文部科学省，「情報に関わる資質・能力についての参考資料」，2016. http://www.mext.go.jp/b_menu/shingi/chukyo/chukyo3/061/siryo/__icsFiles/afieldfile/2016/02/01/1366444_2_2.pdf（2018.4.22取得）
[5] 文部省，「我が国の文教施策（平成2年度）：第9章 情報化の進展と教育の対応 1.学校教育における情報活用能力の育成」，1990. http://www.mext.go.jp/b_menu/hakusho/html/hpad199001/hpad199001_2_263.html#tb2.2.9.1（2018.4.22取得）
[6] 文部省，「学校における情報教育の実態等に関する調査結果」『教育情報研究』，Vol. 6，No. 3，pp. 85-92，1990.

［7］　文部科学省，「平成12年度 学校における情報教育の実態等に関する調査結果」，2001．
http://www.mext.go.jp/b_menu/hakusho/nc/t20010101001/t20010101001.html （2018.4.22取得）

［8］　文部科学省，「平成28年度 学校における教育の情報化の実態等に関する調査結果（概要）」，2018．
http://www.mext.go.jp/component/a_menu/education/micro_detail/__icsFiles/afieldfile/2018/03/07/1399330_01.pdf （2018.4.22取得）

［9］　小孫康平，「障害児教育におけるパソコン通信の教育利用とその評価」『教育情報研究』，Vol.5，No.2，pp.13-20，1989．

［10］　小孫康平，「特殊教育におけるパソコン通信の活用と情報教育に関する研究－パソコン通信に対する教員の意識調査－」『国立特殊教育総合研究所研究紀要』，Vol.21，pp.1-7，1994．

［11］　小孫康平，「パソコン通信に対する不安要因の分析－特殊教育に携わる教員の意識調査－」『教育システム情報学会誌』，Vol.12，No.4，pp.279-288，1996．

［12］　小孫康平，「特殊教育におけるコンピュータ教育の問題点とテクノストレスに関する研究－コンピュータ教育担当教員の意識調査の分析－」『国立特殊教育総合研究所研究紀要』，Vol.24，pp.27-38，1997．

［13］　小孫康平，宮地功，「特殊教育に携わる教員に要求されるコンピュータ利用に関する力量」『教育情報研究』，Vol.8，No.1，pp.3-10，1992．

［14］　小孫康平，宮地功，「特殊教育担当教員のコンピュータ利用に関する性差」『教育情報研究』，Vol.8，No.2，pp.18-26，1992．

［15］　小孫康平，「オーストラリア・ビクトリア州の特殊教育におけるコンピュータ教育の課題の分析」『日本教育工学雑誌』，Vol.21（suppl），pp.5-8，1997．

［16］　小孫康平，前迫孝憲，清水康敬，「筋ジストロフィー症児の訓練意欲を高めるための機器開発」『電子通信学会技術研究報告』，ET84-9，pp.47-52，1985．

［17］　小孫康平，『教育方法学－学習課題で学ぶ－』，p.146，皇學館大学出版部，2018．

［18］　独立行政法人国立特別支援教育総合研究所，「特別支援教育でICTを活用しよう」
http://www.nise.go.jp/cms/resources/content/9311/20161205-143141.pdf （2018.4.22取得）

第3章 プログラミング教育

3.1. 今後のICT

　上田（2015）[1]は，教員養成教育において今後取り入れるべき内容として，「教科目標を達成するための専門性」，「汎用スキルを育成するための専門性」，「ICT活用を含むアクティブ・ラーニングなどの多様な指導方法に対応できる専門性」の3つの方向性が重要であると指摘している。

　「世界最先端IT国家創造宣言」（2015年6月改訂）では，初等・中等教育段階におけるプログラミングに関する教育の充実に努め，ITに対する興味を育むとともに，ITを活用して多様化する課題に創造的に取り組む力を育成することが重要であり取組を強化するとされている[2]。また，総務省（2015）[3]は，プログラミングに関する教育を通じて，将来の高度ICT人材の育成に取り組むことが必要であると報告している。

　経済産業省商務情報政策局情報処理振興課（2016）[4]は，IT人材の最新動向と将来推計に関する調査を行った。その結果，2015年時点で約17万人のIT人材が不足している。さらに，今後IT人材の供給力が低下するにもかかわらず，ITニーズの拡大によってIT市場は今後も拡大を続けることが見込まれるため，IT人材不足は今後ますます深刻化し，2030年には，約59万人程度まで人材の不足規模が拡大するとの推計結果が得られたのである。IT人材を育成することが喫緊の課題であると指摘している。

　一方，アメリカでは，科学（Science），技術（Technology），工学（Engineering），数学（Mathematics）の頭文字をとったSTEM教育が実施され，科学技術に関するリテラシーの育成が重視されている[5]。特に，STEM教育の振興政策において，学校教育で利活用できるデジタルゲームの開発に関する

助成も行われてきている[6]。このように，ゲームは，プログラミングの基礎を学ぶことができ，ゲームを通して表現する技術を学習することができると考えられる[7]。また，ゲームとどう付き合っていくのかを考えさせるためにも，ゲーム・リテラシー教育および情報モラル教育は重要となる。

しかし，デジタルメディアを導入しても指導者が考えている程，好ましい授業になるとは限らない。この点に関して，井ノ口（2011）[8]は，「デジタルメディアを導入した場合でも授業を実施する前提として問われるのは，教材観と生徒観である」と述べている。

今後教員は，デジタルメディア社会に資するメディアを用いた新たな教育方法や評価方法を構築する必要があると考える。そのためには，従来の教育方法を基にして，授業目標や授業内容と大きく関わる教材観や生徒観を重視するとともに，児童・生徒が主体的・対話的で深い学びが可能となる授業を行う必要がある。

3.2. プログラミング教育の必要性

「世界最先端IT国家創造宣言・官民データ活用推進基本計画」[9]では，子供たちの論理的思考力や創造性等を高める必要があるという観点から，クラウドや地域人材を活用した，プログラミング教育の実施モデルを開発・普及し，将来の我が国の社会経済を支える人材を育成するとされている。

総務省では，プログラミング教育は，あらゆるモノがインターネットにつながるIoT社会において，論理的思考力や課題解決力，創造力等の育成に資するものであると考え，2016年度より，「若年層に対するプログラミング教育の普及推進」事業に取り組んでいる。具体的には，地域の人材を指導者（メンター）として育成するとともに，教材や指導ノウハウ等をインターネット（クラウド）上で共有・活用しつつプログラミング教育を実施するモデルを，放課後・休業日等の課外において，全国を網羅する形で実証している[10]。

3.3. 新学習指導要領におけるプログラミング教育

2020年度以降の次期学習指導要領改定案によると，小学校でプログラミング教育を必修化し，コンピュータを動かす体験を通してプログラムの基礎的理解を深める学習がはじまる。内容に関しては，情報を整理・分析し，まとめ・表現する力や情報モラルを身につけ，情報社会に主体的に参画し創造していこうとする態度を育成することが定められている。中学校では，技術・家庭科において，プログラミングや情報セキュリティーを充実させること，総合的な学習の時間において，プログラミングを体験しながら論理的思考力を身につけることが定められている[11]。

また，文部科学省は，資質・能力の育成を目指す「主体的・対話的で深い学び」の一つとして，情報手段の基本的な操作の習得やプログラミング教育を新たに位置付けた。特に，小学校においては情報手段の基本的な操作の習得に関する学習活動及びプログラミングの体験を通して論理的思考力を身に付けるための学習活動を，カリキュラム・マネジメント（教科横断的な学習内容の組織・配列，学校内外の人的・物的資源の効果的な活用等）により各教科等の特質に応じて計画的に実施することとしている[12]。

文部科学省では，新学習指導要領の実施を見据え，「教育のICT化に向けた環境整備5か年計画（2018年度から2022年度）」を策定した。学習用コンピュータを3クラスに1クラス分程度整備し，1日1コマ分程度，児童生徒が1人1台環境で学習できる環境を実現する。また，指導者用コンピュータは授業を担当する教師1人1台，大型提示装置・実物投影機の100%整備，超高速インターネットおよび無線LANの100%整備，統合型校務支援システムの100%整備，ICT支援員を4校に1人配置とする[13]。

3.4. プログラミング教育の教育的意義

山本ら（2016）[14] は，プログラミング教育の教育的意義や学習効果につい

て検討した。その結果，①新たなものを生み出したり，難しいものに挑戦しようとする探究力，②アルゴリズム的思考，論理的思考力，③物事や自己の知識に関する理解力，④自分の考えや感情が発信できる表現力や説得力，⑤知恵を共有したり他者の理解や協力して物事を進めたりする力，⑥プログラミングを通して情報的なものの見方や考え方を身につけることができると報告している。一方，発達段階に応じた系統的なカリキュラムの開発は十分とは言えないと指摘している。

　小学校学習指導要領解説によると，小学校段階において学習活動としてプログラミングに取り組むねらいとしては，「プログラミング言語を覚えたり，プログラミングの技能を習得したりといったことではなく，論理的思考力を育むとともに，プログラムの働きやよさ，情報社会がコンピュータをはじめとする情報技術によって支えられていることなどに気付き，身近な問題の解決に主体的に取り組む態度やコンピュータ等を上手に活用してよりよい社会を築いていこうとする態度などを育むこと，さらに，教科等で学ぶ知識及び技能等をより確実に身に付けさせることにある」とされている[15]。

3.5. 文献

[1] 　上田喜彦，「次期教育課程を見据えた教員養成の課題」『総合教育研究センター紀要』，13，pp.19-39，2015．
[2] 　首相官邸，「世界最先端IT国家創造宣言」，2015．
http://www.kantei.go.jp/jp/singi/it2/kettei/pdf/20150630/siryou1.pdf
（2018.4.22取得）
[3] 　総務省，『プログラミング人材育成の在り方に関する調査研究報告書』，2015．
[4] 　経済産業省商務情報政策局情報処理振興課，『IT人材の最新動向と将来推計に関する調査結果〜報告書概要版〜』，p.7，2016．
http://www.meti.go.jp/policy/it_policy/jinzai/27FY/ITjinzai_report_summary.pdf（2018.4.22取得）
[5] 　大谷忠，渡津光司，「科学技術リテラシーを育成するための教育課程編成に関わる課題―技術科と理科における指導内容の比較を通して―」『科学教育研究』，

Vol. 39, No. 2, pp. 186-194, 2015.

［６］藤本徹, 「海外のゲーム教育・学習研究拠点に関する調査」『日本デジタルゲーム学会夏季研究発表大会予稿集』, pp. 11-13, 2015.

［７］教育家庭新聞社, 「日本人の「遊び心」「ものづくり」が「ゲーム」世界一に」『教育マルチメディア新聞』, 2008年1月.
http://www.kknews.co.jp/maruti/2007/news/080101_0a.html（2018.4.22取得）

［８］井ノ口淳三, 「デジタルメディア時代の教育方法学の課題」, 日本教育方法学（編）, 『デジタルメディア時代の教育方法』, p. 44, 図書文化社, 2011.

［９］高度情報通信ネットワーク社会推進戦略本部官民データ活用推進戦略会議, 「世界最先端IT国家創造宣言・官民データ活用推進基本計画」, p. 85, 2017.
https://cio.go.jp/sites/default/files/uploads/documents/ITsengen_honbun.pdf（2018.4.22取得）

［10］総務書, 「ICT利活用の推進」『平成29年版　情報通信白書』, p. 380, 2017.
http://www.soumu.go.jp/johotsusintokei/whitepaper/ja/h29/pdf/29honpen.pdf（2018.4.22取得）

［11］藤田由美子, 「第2回　情報教育についての学習指導要領の改訂の流れ」（学研キッズネット）, 2017.
https://kids.gakken.co.jp/parents/news/course-of-study02/（2018.4.22取得）

［12］文部科学省, 「小学校学習指導要領解説　総則編」, p. 84, 2017.
http://www.mext.go.jp/component/a_menu/education/micro_detail/__icsFiles/afieldfile/2017/07/12/1387017_1_1.pdf（2018.4.22取得）

［13］文部科学省, 「学校におけるICT環境整備について」, 2018.
http://www.mext.go.jp/component/a_menu/education/micro_detail/__icsFiles/afieldfile/2018/04/12/1402839_1_1.pdf（2018.4.22取得）

［14］山本利一, 本郷健, 本村猛能, 永井克昇, 「初等中等教育におけるプログラミング教育の教育的意義の考察」『教育情報研究』, Vol. 32, No. 2, pp. 3-12, 2016.

［15］文部科学省, 「小学校学習指導要領解説　総則編」, p. 85, 2017.
http://www.mext.go.jp/component/a_menu/education/micro_detail/__icsFiles/afieldfile/2017/07/12/1387017_1_1.pdf（2018.4.22取得）

第4章 デジタルメディア時代において教育委員会が求める教員像

4.1. 教員像とは

　デジタルメディア時代において教育委員会が求める教員像は，どのようなものであるのか。例えば，長崎県教育委員会では，「心豊かで明るく，子どもとともに遊び，ともに学ぼうとする人」（小学校）となっている[1]。また，高知県教育委員会が求める教員像の前文には，「これからの学校は，子どもたちがよく学びよく遊び，心身ともに健やかに育つことを目指し，高い資質能力を備えた教員が自信を持って指導に当たり，そして保護者や地域も加わって，学校が生き生きと活気ある活動を展開することが求められています」と記述されている[2]。このように，遊びも重視されていることがわかる。

　ところで，文部科学省は2005年の教員養成審議会答申[3]において，教師に対する揺るぎない信頼を確立するため「あるべき教師像」を明示している。優れた教師の条件として以下の3要素を挙げている。

(1) 教職に対する強い情熱
　　教師の仕事に対する使命感や誇り，子どもに対する愛情や責任感などである。また，教師は，変化の著しい社会や学校，子どもたちに適切に対応するため，常に学び続ける向上心を持つことも大切である。
(2) 教育の専門家としての確かな力量
　　「教師は授業で勝負する」と言われるように，この力量が「教育のプロ」のプロたる所以である。この力量は，具体的には，子ども理解力，児童・生徒指導力，集団指導の力，学級作りの力，学習指導・授業作

りの力，教材解釈の力などからなるものと言える。
(3) 総合的な人間力

　教師には，子どもたちの人格形成に関わる者として，豊かな人間性や社会性，常識と教養，礼儀作法をはじめ対人関係能力，コミュニケーション能力などの人格的資質を備えていることが求められる。また，教師は，他の教師や事務職員，栄養職員など，教職員全体と同僚として協力していくことが大切である。

　中央教育審議会における「教員の資質能力向上特別部会基本制度ワーキンググループ」の第1回（2011年7月22日）会合で配付された資料の中に，「都道府県・指定都市教育委員会が求める教員像」[4]に関する資料がある。

　その資料は，2010年度に実施された教員採用選考試験の募集要領等に記載されていた教育委員会が求める教員像をまとめたものである。

　教育委員会が求める教員像としては，次の3点を挙げている。

(1) 教科等に関する優れた専門性と指導力，広く豊かな教養など（66自治体中61自治体）である。例として，広く豊かな教養と教科等に優れた専門性と技能を身に付けた方（山形県），豊かな人間性と社会性を持ち，学習指導に高い専門性を有する人（和歌山県）を挙げている。
(2) 教育者としての使命感・責任感・情熱，子どもに対する深い愛情など（66自治体中50自治体）である。例として，使命感に燃え，やる気と情熱をもって教育にあたることができる活力に満ちた教師（茨城県）。子どもへの愛情と教育に対する使命感を持つ人（岐阜県）。
(3) 豊かな人間性や社会人として良識，保護者・地域から信頼など（66自治体中44自治体）である。例として，職員，保護者，地域の人々と協力し合い，よりよい学校や地域社会を築こうとする（群馬県）。豊かな人間性と思いやりのある教師（東京都）。

進藤ら（2010）[5] は，京都府，大阪府，兵庫県および京都市，大阪市，神戸市の各教育委員会が求めている「教員の資質能力」について検討している。各教育委員会が考える「教師像」や「教員に求められる資質能力」は，文部科学省の提示したものをもとに，地域社会の特性や教育課題を反映したものであり，基本的にはそれぞれに大きな相違はないと報告している。そのなかで，各教育委員会に共通して，特に強調されているのは「教育実践力」であり，教育現場での実践体験を重視していることを明らかにした。

根岸（2013）[6] は，都道府県教育委員会の「求める教員像」で多く用いられているキーワードの掲載率を調査している。その結果，教育者としての「使命感」，子どもに対する「愛情」，「豊かな人間性」，「情熱」などの性格面に関するキーワードが目立つと報告している。一方，知識面に関するキーワードや，分かりやすい授業を「実践」できること，「教科」に関する専門的な「技能」を有することなどの技術面に関するものは比較的少ないと指摘している。また，教育委員会は，大学に授業の実践力や指導力等の技術的な側面の養成を期待していることを明らかにした。

児玉（2015）[7] は，地方自治体が示している「求める教員像」および文部科学省が示している「教員に求められる資質能力」と，教職をめざしている学生が回答した「理想とする教師像」との相違について検討している。その結果，学生は「豊かな人間性と高い授業力」を持った教員が理想としており，文部科学省の求める教員像や各自治体の求める教員像とも一致していることを明らかにした。

石村（2015）[8] は，全国都道府県指定都市等教育委員会が教員に求めている資質能力をKJ法により分析を行った。その結果，「専門力」，「人間力」，「情意力」の各要素は同程度の比重にあると指摘している。

従来の研究では，特定の教育委員会や都道府県教育委員会のみを対象にした研究が多い。また，教育委員会が求める教員像において，結びつきの強い単語をグループ化により，各単語間の関係を視覚的に構造化された研究は，

ほとんど行われていないのが現状である[9]。

小孫（2018）[10] は，全国都道府県指定都市等教育委員会が求める教員像を計量テキスト分析により，各単語間の関係を視覚的に構造化し，教員像を明らかにしている。また，教職に関する科目の中で「教員像」をどのように具体化させ，指導するかを教育方法学的観点から検討している。

4.2. 教育委員会が求める教員像

4.2.1. 調査対象および方法

調査対象は，都道府県教育委員会47機関，指定都市教育委員会21機関および地区教育委員会1機関，総計69機関であった。

各教育委員会のホームページで公表されている，教員採用選考試験の募集要領やパンフレット等に記載されている「教育委員会が求める教員像」の文章を計量テキスト分析する。

計量テキスト分析とは，文章からなるデータを単語や文節で区切り，単語の出現の頻度などを解析することで有用な情報を取り出す分析方法である[11]。

今回は，テキスト型データを統計的に分析するためのソフトウェアである「KH Coder」[12] を用いて，頻度分析，共起ネットワーク分析および階層的クラスター分析を行う。

頻度分析とは，対象文献における単語の出現頻度を検討するものである。「出現頻度が高い単語ほど重要度が高い」，または「出現頻度が低い単語ほど重要度が低い」というものであり，対象文献の特徴を知るための最も基本的な分析である[13]。また，共起ネットワーク分析とは，単語と単語の間の関連性を検討する分析である。つまり，2つの単語について同じ文章中に同時に出現（共起）すると関連が強いと見なす。一方，2つの単語について同じ文章中に同時に出現（共起）しないと関連が低いと見なすのである[13]。

今回，共起ネットワーク分析の結果では，「サブグラフ検出」で表現した。サブグラフ検出は，共起の程度が強いコードを線で結ぶことで関連性を把握

できる。また，共起関係が強いほど太い線で示し，大きい円ほど出現数が多いことを示すなどの特徴がある[12]。サブグラフ検出を行った場合，同じサブグラフに含まれる単語は実線で結ばれるのに対して，互いに異なるサブグラフに含まれる単語は破線で結ばれる[13]。さらに，Jaccard 係数（2つの集合間の類似性を表す指標）を用いることで，1つの文章に含まれる語が少ないデータにおいても，語と語の関連を比較的正確に示すことができる[14]。関連が強いほど1に近づく[12]。

一方，「階層的クラスター分析」とは共起関係にある語とその共起度合いを樹形図で示したものである[15]。

4.2.2. 教育委員会が求める教員像に関しての頻出語

文章の単純集計を行った結果，276の文が確認された。表4-1は，教育委員会が求める教員像に関して，出現回数の多い単語から順に出現回数16までの単語をリストアップしたものである。

表4-1 教育委員会が求める教員像に関しての頻出語

抽出語	出現回数	抽出語	出現回数
人	112	情熱	30
教育	81	生徒	30
豊か	60	児童	26
持つ	58	知識	26
子ども	57	高い	23
教師	56	幅広い	23
使命	50	実践	22
人間	49	理解	20
教員	46	学ぶ	19
専門	46	子供	19
愛情	37	能力	19
指導	37	地域	18
社会	33	技能	16
教養	30	倫理	16

「人」が112回で一番多く，次いで「教育」が81回，「豊か」が60回，「持つ」が58回，「子ども」が57回，「教師」が56回，「使命」が50回，「人間」が49回となっている。

4.2.3. 教育委員会が求める教員像に関する共起ネットワーク分析

図4-1は，教育委員会が求める教員像に関する共起ネットワーク分析の結果を示したものである。KH Coderの設定は，次の通りである。集計単位は文，最小出現数は15，Jaccard係数は0.14以上，共起関係の検出方法はサブグラフ検出を用いた。なお，数字は，Jaccard係数である。実線で結ばれた語のグループは6つであった。

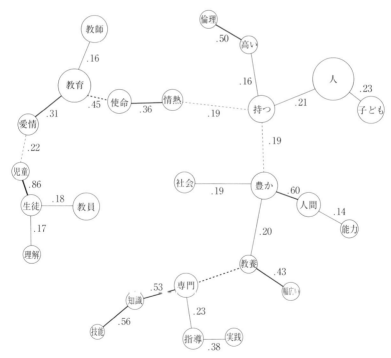

図4-1 教育委員会が求める教員像に関する共起ネットワーク分析

①「高い」,「倫理」,「持つ」,「人」,「子ども」という5語のネットワークで構成されている。特に「高い」と「倫理」ではJaccard係数は0.50で関連が強い。「高い倫理を持つ人」と解釈できる。具体的な文章としては,「高い倫理観をもち,円満で調和のとれた人」,「倫理観をもち続けることができる人」,「高い倫理観と豊かな人間性をもつ人」といったものがあった。

②「豊か」,「人間」,「幅広い」,「教養」,「社会」,「能力」という6語のネットワークで構成されている。特に「豊か」と「人間」ではJaccard係数は0.60,「幅広い」と「教養」ではJaccard係数は0.43であった。「豊かな人間性や幅広い教養」と解釈できる。具体的な文章としては,「豊かな人間性を持ち,幅広い教養と良識を身につけている教師」,「豊かな人間性と社会性を持っている人」などがあった。

③「専門」,「知識」,「技能」,「指導」,「実践」という5語のネットワークで構成されている。「専門的な知識や技能,実践的な指導」と解釈できる。具体的な文章としては,「深い専門知識に裏付けられた実践的な指導ができる人」,「教科等に関する専門的な知識・技能と実践的な指導力を持つ教師」などがあった。

④「児童」,「生徒」,「理解」,「教員」という4語のネットワークで構成されている。特に「児童」と「生徒」ではJaccard係数は0.86で関連が強い。「児童・生徒の理解」と解釈できる。具体的な文章としては,「児童生徒理解と豊かな心の育成」などがあった。

⑤「愛情」,「教育」,「教師」という3語のネットワークで構成されている。特に「愛情」と「教育」ではJaccard係数は0.31で関連が強い。「教育的愛情のある教師」と解釈できる。具体的な文章としては,「教育的愛情と使命感をもった教師」,「児童生徒に対する深い理解と教育的愛情のある教師」などがあった。

⑥「使命」,「情熱」という2語のネットワークで構成されている（Jaccard係数は0.36）。「情熱・使命感」と解釈できる。具体的な文章としては,「教育

に情熱と使命感をもつ人」,「教育に対する情熱と使命感をもつ人」などがあった。

　教育委員会が求める教員像としては,「高い倫理」,「豊かな人間性や幅広い教養」,「専門的な知識や技能,実践的な指導」,「児童・生徒の理解」,「教育的愛情のある教師」,「情熱・使命感」が重要視されていることが明らかになった。

　特に,「豊か」に関する記述の出現回数は60回（表4-1）であり,相対的に高い。また,「人間」に関する記述の出現回数は49回であった。さらに,「使命」に関する記述の出現回数は50回であった。

　例えば,三重県教育委員会[16]では,求める教員像として,次の3点を挙げている。

①教育に対する情熱と使命感をもつ人
　子どもに対する愛情や教育者としての責任感が強く,常に子どもの人格と個性を尊重した指導ができる人
②専門的知識・技能に基づく課題解決能力をもつ人
　常に自己研鑽に努め,子どもとともに課題に取り組む創造性,積極性,行動力をもつ人
③自立した社会人としての豊かな人間性をもつ人
　優れた人権感覚と社会人としての良識に富み,組織の一員として関係者と協力して職責を果たし,子どもや保護者との間に深い信頼関係が築ける人

　このように,「情熱・使命」,「専門的知識・技能」,「豊かな人間性」という語句が含まれていることが分かる。
　一方,川崎市教育委員会[17]では,求める教員像として,次の4点を挙げている。

①子どもの話にきちんと耳を傾けることができる。
②子どもと一緒に考え行動することができる。
③子どもに適切なアドバイスを与えることができる。
④教材研究がきちんとできる。

「豊かな人間性」と言った，抽象的な表現ではなく，具体的に何ができるかを端的に表現していることが分かる。つまり，子どもに対して確実に生活指導や学習指導ができる人を求めている。

4.2.4. 教育委員会が求める教員像に関する階層的クラスター分析

図4-2は，教育委員会が求める教員像に関する階層的クラスター分析の結果を示したものである。

階層的クラスター分析（Ward法，最小出語数20）により，抽出言語は6つのクラスターに分類された。抽出語のまとまりから，クラスター1を「実践的な指導」，クラスター2を「専門的な知識や幅広い教養」，クラスター3を「子ども・人」，クラスター4を「人間性・社会性」，クラスター5を「児童・生徒」，クラスター6を「情熱・使命感」と解釈した。

「実践的な指導」は「専門的な知識や幅広い教養」と近接している。一方，「情熱・使命感」は「人間性・社会性」と近いのは興味深い構造である。

教育委員会が求める教員像に関する階層的クラスター分析の結果（図4-2），抽出言語は6つのクラスターに分類された。「実践的な指導」は「専門的な知識や幅広い教養」と近接している。実践的な指導力は，専門知と現場での体験の総合化により高まると指摘されている[5]。したがって，専門的な知識は大学の教職課程等で確実に学習することが重要である。また，教育実習や教育アシスタント等を通じて，現場の体験を学ぶことになる。

一方，「情熱・使命感」は「人間性・社会性」と近いのは興味深い構造である。「人間性・社会性」は，抽象的な表現であるが，人間性や社会性とは

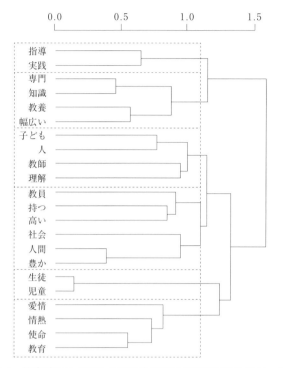

図 4-2　教育委員会が求める教員像に関する階層的クラスター分析

何か，なぜ教育委員会は人間性や社会性を求めるのかを学生に考えさせることは重要となる。また，「情熱・使命感」も抽象的な表現であるが，教職科目を学ぶなかで教育現場の厳しさを知るとともに，情熱や使命感を持って指導しようとする意欲の向上が重要となる。

　なお，安藤（2005）[18] は，教科等に関する専門的な知識・技能，実践的指導力などを専門的・技術的側面（能力）と名付けた。一方，教育者としての使命感，子どもに対する教育的愛情，豊かな人間性，教育に対する情熱などを人格的側面（資質）として分類した。

　次に，教職に関する科目の中で「教員像」をどのように具体化させ，指導

するかを教育方法学的観点から検討する。

　先ずは，高校生や大学生が，どのような教員を求めているのであろうか。小柴・武田・村瀬（2014）[19] は，中・高校生はどのような教員を求めているかについて質問紙調査を実施した。その結果，理想の教師像は，「わかりやすい授業をしてくれる先生」であった。

　山根・古市・木多（2010）[20] は，教師に求められる能力，態度等について検討するため，大学生を対象に調査を実施した。その結果，「わかりやすい授業をする」については中・高校教諭を志望する学生の評定値が高く，「子どもとのコミュニケーション力」や「だれに対しても笑顔で明るくかかわる」などについては幼稚園教諭を志望する学生の評定値が高かった。

　このように，わかりやすい授業をできる教師が期待されている。では，将来教職を目指す学生に対して，教師像をどのように具体化させ，指導しているのであろうか。

　國原（2017）[21] は，教職論の授業では，教員の具体的な指導場面を想定して教員の役割や職責を考えさせ，自分が目指す教師像を具体化し，自己の資質と能力を高めていこうとする当事者意識を持たせようとした。

　松本（2013）[22] は，教員養成大学におけるキャリア教育が大学での学習の動機づけに与える効果について検討している。教師の仕事・やりがいに関する理解や理想の教師像を具体化する計画を立案させるというキャリアデザイン活動を取り入れた授業は，キャリア発達を促進するとともに，学習への動機づけの促進にも効果を有することが示されたと指摘している。

　教師の力量に関しては，野津・後藤（2009）[23] は，指導技術的な側面を「専門的力量」，人間の資質的な側面を「人間的力量」と呼び，これらは裏表の関係にあると考えている。すなわち，教師は自己の人間の資質的な側面を生かした教育技術を創造しなければならないと指摘している。

　また坂本（2006）[24] は，教員の人間としてのトータル性こそが重要であり，実践性や技術性のみでなく，教員としての熱意や注意力，共感能力，意欲，

個性の豊かさなどの人間的な力量が大事なものとなってくると指摘している。

教育再生実行会議（2015）[25] は，これからの時代に求められる資質・能力と，それを培う教育，教師の在り方について次のような提言を行っている。

①主体的に課題を発見し，解決に導く力，志，リーダーシップ
②創造性，チャレンジ精神，忍耐力，自己肯定感
③感性，思いやり，コミュニケーション能力，多様性を受容する力

デジタルメディア時代では，コンピュータの能力が人間の能力を上回ると予測されているので，人間が優位性を持つ資質・能力を高めることが必要となる。例えば，創造性や感性や思いやりが求められる。本研究でも専門的な知識や技能とともに豊かな人間性をもつ人が求められていることが明らかになった。

したがって，教育方法学においても，専門的な知識や技能を身に付けさせるとともに，理想の教員像を具体化するために自己の学習課題を明確にし，学び続ける豊かな人間性をもつ学生を養成する必要がある。

4.3. 文献

[1] 長崎県教育委員会，「平成28年度長崎県公立学校教員採用選考試験」，2015．
http://www.pref.nagasaki.jp/bunrui/kenseijoho/shokuinsaiyo/kyoshokuinsaiyo/194128.html （2018.4.22取得）

[2] 高知県教育委員会，「高知県公立学校教員採用候補者選考審査説明会」，2013．
http://www.pref.kochi.lg.jp/soshiki/310601/files/2014091600139/2014022700433_www_pref_kochi_lg_jp_uploaded_attachment_94318.pdf （2018.4.22取得）

[3] 文部科学省中央教育審議会，「新しい時代の義務教育を創造する（答申）」，p.19，2005．
http://www.mext.go.jp/b_menu/shingi/chukyo/chukyo0/toushin/05102601/all.pdf （2018.4.22取得）

［4］　文部科学省，「都道府県・指定都市教育委員会が求める教員像」『教員の資質能力向上特別部会　基本制度ワーキンググループ（第1回）配付資料　資料5-3』，2011.
http://www.mext.go.jp/b_menu/shingi/chukyo/chukyo11/001/shiryo/__icsFiles/afieldfile/2011/09/26/1309293_04.pdf（2018.4.22取得）

［5］　進藤正洋，尊鉢隆史，田上由雄，中西一彦，「教育行政が求める「教員の資質能力」について－京都，大阪，兵庫における府県および政令指定都市教育委員会の場合－」『関西国際大学教育総合研究叢書』3号，pp. 1-15, 2010.

［6］　根岸千悠，「国立大学教員養成系学部におけるアドミッション・ポリシーの特徴－「求める学生像」の分類を通して－」，藤川大祐（編），『千葉大学大学院人文社会科学研究科研究プロジェクト報告書，第262集，社会とつながる学校教育に関する研究』，pp. 50-57, 2013.

［7］　児玉祥一，「求められる教師と理想の教師像－同志社・京都教育大学教職大学院での教職の授業を通して－」『同志社大学教職課程年報』，第5号，pp. 76-88, 2015.

［8］　石村卓也，「求められる教員の資質能力と地域特性－都道府県教育委員会及び指定都市教育委員会等が求めている教員の資質能力に焦点－」『大和大学　研究紀要』，第1巻，pp. 43-50, 2015.

［9］　増田正，「地方議会の会議録に関するテキストマイニング分析－高崎市議会を事例として－」『地域政策研究（高崎経済大学地域政策学会）』，Vol. 15, No. 1, pp. 17-31, 2012.

［10］　小孫康平，「教育委員会が求める教員像の計量テキスト分析－教育方法学的観点から－」『皇學館大学紀要』．56輯，pp. 1-15, 2018.

［11］　越中康治，高田淑，木下英俊，安藤明伸，高橋潔，田幡憲一，岡正明，石澤公明，「テキストマイニングによる授業評価アンケートの分析－共起ネットワークによる自由記述の可視化の試み－」『宮城教育大学情報処理センター研究紀要』，第22号，pp. 67-74, 2015.

［12］　樋口耕一，「社会調査のための計量テキスト分析－内容分析の継承と発展を目指して－」，ナカニシヤ出版，2014.

［13］　下平裕之，福田進治，「古典派経済学の普及過程に関するテキストマイニング分析－リカード，ミル，マーティノーを中心に－」『弘前大学人文学部人文社会論叢．社会科学篇』，第31号，pp. 51-66, 2014.

［14］　嘉瀬貴祥，坂内くらら，大石和男，「日本人成人のライフスキルを構成する行

動および思考：計量テキスト分析による探索的検討」『社会心理学研究』，Vol. 32, No. 1, pp. 60-67, 2016.
［15］秦野智博，阿部明典，「利用者の評価基準に合致した文章推薦システムの構築　感想データベースを応用した作品評価フォーマットの構築についての検討」『2016年度人工知能学会全国大会（第30回）』，4J1-5, 2016.
［16］三重県教育委員会，「平成30年度三重県公立学校教員採用選考試験実施要項（平成29年実施）」，2017.
http://www.pref.mie.lg.jp/common/content/000725316.pdf（2018.4.22取得）
［17］川崎市教育委員会，「平成29年度実施川崎市立学校教員募集」
http://www.city.kawasaki.jp/880/cmsfiles/contents/0000085/85662/kawasaki_web_op0411.pdf（2018.4.22取得）
［18］安藤嘉章，「教員に求められる資質能力に関する調査研究（Ⅱ）」『宮崎女子短期大学紀要』，第31号，pp. 1-40, 2005.
［19］小柴孝子，武田明典，村瀬公胤，「中・高校生が求める理想の教師像：「教職実践演習」カリキュラム開発のために」『神田外語大学紀要』，第26号，pp. 489-509, 2014.
［20］山根文男，古市裕一，木多功彦，「理想の教師像についての調査研究（1）－大学生の考える理想の教師像－」『岡山大学教育実践総合センター紀要』，第10巻，pp. 63-70, 2010.
［21］國原幸一朗，「「教職論」における受講生の教師像と教職観」『名古屋学院大学教職センター年報』，第1号，pp. 33-46, 2017.
［22］松本浩司，「教員養成大学におけるキャリア教育が大学での学習の動機づけに与える効果に関する実践的研究－「教職の意義等に関する科目」におけるキャリアデザインの取り組み－」『名古屋学院大学論集　社会科学篇』，Vol. 49, No. 3, pp. 59-70, 2013.
［23］野津一浩，後藤幸弘，「「教師の力量」の構造に関する予備的考察」『兵庫教育大学教科教育学会紀要』，第22号，pp. 19-26, 2009.
［24］坂本昭，「教育改革と教師教育－教職課程の観点から－」『福岡大学研究部論集．A，人文科学編』，Vol. 6, No. 1, pp. 41-60, 2006.
［25］教育再生実行会議，「これからの時代に求められる資質・能力と，それを培う教育，教師の在り方について（第七次提言）」，2015.
https://www.kantei.go.jp/jp/singi/kyouikusaisei/pdf/dai7_1.pdf（2018.4.22 取得）

第5章 デジタルメディア時代における学習意欲

5.1. 学習意識

　現在の子どもは，生まれたときにはコンピュータや携帯電話，ビデオゲームなどのデジタルメディアに溢れた環境で育ってきた。したがって，デジタルメディア時代になると情報収集の際，すぐにスマートフォンを利用する傾向がある。このようにデジタルメディアに頼りすぎる傾向があるため，学習意欲に与える影響が大きくなる。場合によっては，学習意欲を低下させる可能性があると考えられる。

　吉田（2005）[1] は，「デジタルな世界に慣れている子供は，さらに豊かな生活，飽食の時代の中からは，あえて必死になって物事に取り組む意欲もわかず，強烈な刺激の情報の中に，ただただ埋もれているだけである。このような環境では生半可な刺激では，理科などという教科への「興味・関心」もわかないかもしれない」と述べている。

　「PISA」（学習到達度調査：15歳児対象）の科学に関する調査で，「学んでいる時はたいてい楽しい」と答えた生徒は49.9%であった。一方，OECD加盟国の平均は62.8%であるので，日本の生徒は低いことが明らかになった。「科学について学ぶことに興味がある」と答えた日本の生徒は47.7%であるのに対して，OECD加盟国の平均は63.8%であった[2]。このように，「興味・関心」は低い。

　藤沢市教育文化センター（2016）[3] は，藤沢市立中学校3年生を対象に5年ごとに学習意識調査を実施している。調査の目的は，生徒の学習意欲の変化を調査するだけでなく，時代の変遷とともに生徒の学習に関する意識について読み取り，貴重な資料を提供している。図5-1は，勉強の意欲に関する

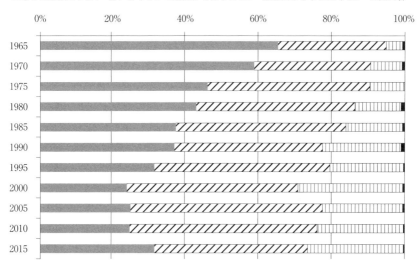

図 5-1　勉強の意欲（藤沢市教育文化センター（2016）[3] を基に作成）

50年間の時系列を示している。

2015年の調査報告では，「勉強はもうしたくない」と答えた生徒の内，半数は「勉強がきらい」と答えている。したがって，「勉強がきらい」になった生徒への対策が必要となる。また，「めんどうくさい」，「きらい」，「わからない」，「意味がない」といった回答が多くあったと指摘している[3]。

5.2. 大学生の学習意欲

現在，日本の大学生の学習意欲の低下が問題視されている[4]。例えば，予習・復習はほとんどしないで，受講さえすればよいと考えている学生が多い。この点に関して，文部科学省中央教育審議会（2008）[5]は，『学生の学習時間が短く，授業時間外の学修を含めて45時間で1単位とする考え方が十分に理解されていない」と指摘している。

実際，国立教育政策研究所（2016）[6]が実施した大学生の学習実態に関す

る調査によると，1～3年生では，大学の授業の予習・復習などの平均時間はいずれも週当たり5時間程度であった。特に，「社会科学」分野では週当たりの予習・復習等の時間が「1～5時間」以下の学生が80％を占めている。「教育・家政・福祉」分野では，73％を占めた。

　ベネッセ教育総合研究所（2012）[7]の調査では，積極的に授業外学習をする大学生は2割弱しかいないことが示されている。さらに，授業外学習の中でも，「授業の予習をする」，「授業の復習をする」といった授業に関する内容への「とてもあてはまる」と回答した者は，それぞれ5.3％，7.3％であった。一方，「資格や免許の取得を目指して勉強する」では24.6％，「授業とは関係なく，興味を持ったことについて自主的に勉強する」では17.4％であった。つまり，授業の予習・復習は，授業に関連しない内容への回答に比べて非常に少なかった。

　さらに，ベネッセ教育総合研究所（2017）[8]の調査で，授業の予習・復習や課題を行う，週当たりの時間を大学生に問うた結果，0時間で19.4％，1時間未満で24.3％，1～2時間で25.2％であった。また，大学の授業以外の自主的な学習時間では，0時間で32.9％，1時間未満で24.9％，1～2時間で19.1％であった。

　このように，大学生の学習時間は短い。上田・恒吉（2013）[9]は，大学生の学業意欲の変化にはどのような背景があるのかについて検討した。その結果，学業意欲が低下してしまう時期があり，その要因には，学業以外の活動も含まれるということが示唆された。しかし，主としてやる気曲線を用いているので，意欲の変化の要因や背景が詳しく分析できないという問題点がある。

　国立教育政策研究所（2013）[10]は，全国学力・学習状況調査において，学習意欲が高い児童生徒の方が，教科の平均正答率が高い傾向が見られたと報告している。つまり，初等教育や前期中等教育においても学習意欲について個人差が生じていると考えられる。

学習意欲を高めるのが主として教師の役目であるので，教職を目指している大学生は，学習意欲に関してどのように考えているのかを明らかにすることは，今後，教育現場で「学習意欲を高めるためのアクティブ・ラーニング」（主体的・対話的で深い学び）を取り入れた指導を行う際の有力な材料になると考えられるので重要である。しかし，教職を目指している大学生が学習意欲の低下に関する意識について検討した研究は少ないのが現状である。また，従来の調査では，質問に関する回答を予め準備した選択肢の中から選ばせるという方法をとられることが多いが，この方法では，学習意欲の低下や向上の意識に関しては，自由に表現できない。

　小孫（2018）[11]は教職志望大学生を対象に，授業以外の学習に対する意識および学習意欲に関する意識を計量テキスト分析から明らかにした。

5.3. 大学生の学習意欲に関する意識の分析

5.3.1. 調査対象および方法

　対象者は，教職を志望し，教育方法学（2年生対象科目）を履修している大学生130名（男性60名，女性70名）を分析対象とした。

5.3.2. 授業外学習時間と回答理由

　調査対象者に対して，「普段，授業以外で，1日に約何時間，勉強していますか」という教示文を提示し，①1時間未満，②1〜2時間，③3時間以上，の選択肢から一つ回答させる。また，「なぜ，その時間を回答したのか」という教示文を提示し，自由記述による回答（100字程度）を求めた。

5.3.3. 学習意欲の低下理由

　「現在の大学生は，学習意欲が低下していると言われるが，その理由は何だと考えますか」という教示文を提示し，自由記述による回答（150字程度）を求めた。

5.3.4. 学習意欲の向上

「今後，さらに学習意欲を高めるために，努力したいことは何ですか」という教示文を提示し，自由記述による回答（150字程度）を求めた。

今回は，テキスト型を統計的に分析するためのソフトウェアである「KH Coder」[12]を用いて，頻度分析および共起ネットワーク分析を行う。

5.4. 結果

5.4.1. 学習時間

授業以外の学習時間に関して，男性は1日当たり，1時間未満が65.0%，1～2時間が35.0%であった。女性は1日当たり，1時間未満が65.7%，1～2時間が34.3%であった。3時間以上は男女とも0名であった（表5-1）。

表5-1 授業外学習時間（1日当たり）

	男性	女性
1時間未満	39名（65.0%）	46名（65.7%）
1～2時間	21名（35.0%）	24名（34.3%）
3時間以上	0名（0%）	0名（0%）

5.4.2. 授業外学習時間の回答理由

表5-2は，授業外学習時間の回答理由に関して，出現回数の多い単語から順に出現回数30までの単語をリストアップしたものである。「時間」が207回で一番多く，次いで「勉強」が148回，「課題」が85回，「授業」が55回，「予習」が49回，「アルバイト」が47回となっている。

図5-1は，授業外学習時間の回答理由に関する共起ネットワーク分析の結果を示したものである。KH Coderの設定は，次の通りである。集計単位は文，最小出現数は8，Jaccard係数は0.15以上，外部変数として授業外学習時間を用いた。

表5-2 授業外学習時間の回答理由に関しての頻出語

抽出語	出現回数	抽出語	出現回数
時間	207	復習	42
勉強	148	家	38
課題	85	学習	31
授業	55	思う	31
予習	49	宿題	30
アルバイト	47		

　授業外学習時間（1時間未満，1〜2時間）を示す矩形の外側に並ぶ語は著明な差が見られた語群である。「1時間未満」では，「勉強」，「アルバイト」，「部活」，「忙しい」，「疲れる」といった語が頻出していた。具体的な回答としては，「アルバイトを週4回しており，あまり勉強の時間に当てられない」，「アルバイトと部活が忙しく，毎日家に帰るのが夜遅くなる」といったものがあった。

　一方，「1〜2時間」では，「課題」，「授業」，「予習」，「毎日」といった語が頻出していた。具体的な回答としては，「課題や予習・復習・小テストの勉強などをしている」，「講義後の課題や事後学習が与えられるようになり，ほとんど毎日家で課題をやるという習慣になった」などがあった。

　授業以外の学習時間に関しては，1日当たり1時間未満と回答した学生が65.4％を占めた。1〜2時間では34.6％を占めた。3時間以上は0名であった。このように，1〜2時間以内にとどまっていることがわかる。

　その理由として，1時間未満と回答した学生では，アルバイトや部活動で忙しく疲れると考えていることが明らかになった。

　一方，1〜2時間と回答した学生では，課題や予習のために費やしていることが明らかになった。

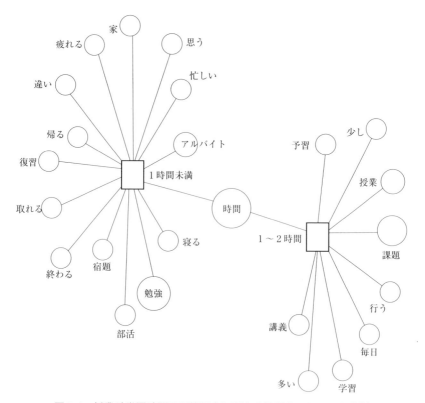

図 5-1 授業外学習時間の回答理由に関する共起ネットワーク分析

5.4.3. 学習意欲の低下理由

表 5-3 は、学習意欲の低下理由に関して、出現回数の多い単語から順に出現回数30までの単語をリストアップしたものである。「勉強」が168回で一番多く、次いで「思う」が141回、「考える」が123回、「学習」が116回、「意欲」が111回となっている。

図 5-2 は、学習意欲の低下理由に関する共起ネットワーク分析の結果を示したものである。KH Coder の設定は、次の通りである。集計単位は文、最小出現数は10、Jaccard 係数は0.14以上、共起関係の検出方法はサブグラフ

表 5-3　学習意欲の低下理由に関しての頻出語

抽出語	出現回数	抽出語	出現回数
勉強	168	時間	58
思う	141	理由	50
考える	123	多い	39
学習	116	将来	37
意欲	111	目標	37
自分	89	人	36
大学	87	学生	32
低下	85	原因	31
大学生	61	高校	30

検出を用いた。なお，数字は，Jaccard 係数である。実線で結ばれた語のグループは7つであった。

①「考える」,「自分」,「勉強」,「思う」,「時間」,「アルバイト」,「自由」,「遊び」,「優先」, という9語のネットワークで構成されている。また,「自由」と「遊び」ではJaccard係数は0.21,「遊び」と「優先」ではJaccard係数は0.21であった。「アルバイトや遊び」と解釈できる。具体的な回答としては,「自由な時間が増えた分，アルバイトや遊びに時間を費やしてしまい，勉強する時間がないから」,「高校と比べ学生の自由度が上がり，遊びやアルバイトなどに割く時間が長いことも理由になると思う」といったものがあった。

②「大学」,「多い」,「人」,「学生」,「入学」,「進学」,「入る」という7語のネットワークで構成されている。また,「人」と「多い」ではJaccard係数は0.24,「大学」と「進学」ではJaccard係数は0.21であった。「大学進学」と解釈できる。具体的な回答としては,「誰でも大学に進学することができるようになった」,「明確な考えがないまま，なんとなく大学に入学してしまうことが多い」といったものがあった。

③「大学生」,「言う」,「現在」,「原因」,「一つ」という5語のネットワー

クで構成されている。

④「意欲」,「低下」,「学習」,「理由」という4語のネットワークで構成されている。「学習低下理由」と解釈できる。

⑤「高校」,「授業」,「比べる」,「受ける」という4語のネットワークで構成されている。「高校との比較」と解釈できる。具体的な回答としては,「高校までの学習は暗記しなければならないことが多く, 勉強しなければ授業についていけない」といったものがあった。

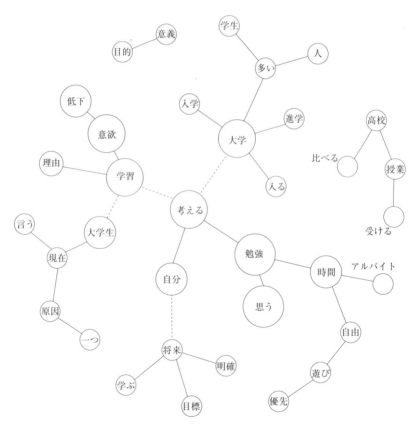

図5-2　学習意欲の低下理由に関する共起ネットワーク分析

⑥「将来」,「目標」,「明確」,「学ぶ」という4語のネットワークで構成されている。また,「将来」と「目標」ではJaccard係数は0.22,「将来」と「明確」ではJaccard係数は0.19であった。「将来目標」と解釈できる。具体的な回答としては,「将来の目標やなりたいものが明確でない」,「学ぶ目的,目標がはっきりしていない」といったものがあった。

　⑦「目的」,「意識」という2語のネットワークで構成されている。また,「目的」と「意識」ではJaccard係数は0.28であった。「目的意識」と解釈できる。具体的な回答としては,「目的意識が低い」,「目的意識を持っておらず,単に大学に通っている」といったものがあった。

　学習意欲の低下の理由に関しては,「将来目標」,「目的意識」,「大学進学」,「アルバイトや遊び」,「高校との比較」に関連する理由があると考えていることが明らかになった。具体的な文章として,「将来の目標やなりたいものが明確でない」,「学ぶ目的,目標がはっきりしていない」,「目的意識を持っておらず,単に大学に通っている」,「明確な考えがないまま,なんとなく大学に入学してしまうことが多い」などと回答している。また,「自由な時間が増えた分,アルバイトや遊びに時間を費やしてしまい,勉強する時間がないから」,「高校と比べ学生の自由度が上がり,遊び,アルバイトなどに割く時間が長いことも理由になると思う」と述べている。

　梅本・田中（2017）[13]は,学習内容が将来に役に立つなどと考えさせ,状況的な動機づけを高めることで学習に取り組む長さにつながっていくと指摘している。このように,教職担当教員は,授業の学習内容が将来に役立つものであると意識させながら,授業を進める必要があると考える。

　さらに,「高校との比較」にも理由があると考えている。具体的な文章として,「高校までの学習は暗記しなりればならないことが多く,勉強しなければ授業についていけない」と回答していることから,「学習するとは暗記することなのか」など,大学生がもっている学習観について再度考えさせる必要がある。

5.4.4. 学習意欲の向上

表5-4は，学習意欲の向上に関して，出現回数の多い単語から順に出現回数40までの単語をリストアップしたものである。「自分」が140回で一番多く，次いで「思う」が132回，「学習」が126回，「意欲」が104回となっている。

図5-3は，学習意欲の向上に関する共起ネットワーク分析の結果を示したものである。KH Coderの設定は，次の通りである。集計単位は文，最小出現数は10，Jaccard係数は0.14以上，外部変数として授業外学習時間を用いた。

授業外学習時間（1時間未満，1～2時間）を示す矩形の外側に並ぶ語は著明な差が見られた語群である。「1時間未満」では，「本」，「読む」，「勉強」，「目標」といった語が頻出していた。具体的な回答としては，「空いている時間を見つけて本をたくさん読むようにしたいと思っている」，「自分が将来どのような職業につきたいかしっかり考え，目標を設定する」といったものがあった。

一方，「1～2時間」では，「意欲」，「考える」，「知識」，「興味」，「努力」といった語が頻出していた。具体的な回答としては，「学習意欲を高めるために努力していきたいことは，新しいことを発見することである」，「学習意欲を高めるには物事に興味を持つことが重要だと思う。そのためには，様々

表5-4 学習意欲の向上に関しての頻出語

抽出語	出現回数	抽出語	出現回数
自分	140	高める	63
思う	132	時間	59
学習	126	興味	51
意欲	104	知識	50
読む	102	努力	49
本	88	目標	48
考える	79	持つ	47
勉強	78	様々	45

第 5 章　デジタルメディア時代における学習意欲　　59

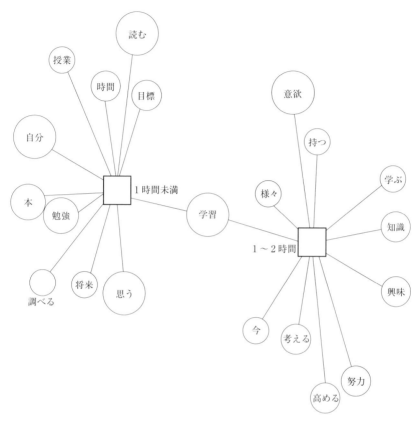

図 5-3　学習意欲の向上に関する共起ネットワーク分析

な知識を持っていなければならない」などがあった。

　授業以外の学習時間が「1 時間未満」では，「本」，「読む」，「勉強」，「目標」に関連した内容に理由があると考えていることが明らかになった。

　このように，学習時間が短く学習意欲が低いグループでは，将来の目標を明確にさせ，基本的な学習である読書を積極的に指導し，読解力を高める必要がある。したがって教員の役割は重要となる。例えば，百瀬（2013）[4] は，プレゼンテーションやディスカッション，グループ学習を取り入れた「学生

参加型の授業」を設定し授業実践を行った結果，学生の学習意欲を高める上で有用性が高いと報告している。

一方，「1～2時間」では，「意欲」，「考える」，「知識」，「興味」，「努力」に関連した内容に理由があると考えていることが明らかになった。このことから，大学教員は，興味関心を持たせる授業を積極的に行うとともに，学習等に関して適切なアドバイスを与え学習意欲を高めることが重要となる。

この点に関して，見舘ら（2008）[14]は，大学の1・2年生を対象に調査を行った結果，「教員とのコミュニケーション」が学習意欲に影響を与え，さらに「大学生活の満足度」に寄与していることを明らかにした。このように，教員とのコミュニケーションが大事となる。

2020年度以降に実施される小中高校の次期学習指導要領では，「アクティブ・ラーニング」（主体的・対話的で深い学び）の視点を重視した指導が導入される。

したがって，教職志望大学生自身が主体的・対話的で深い学びを実践するとともに，大学教員は主体的な学び，対話的な学び，深い学びが実現できているかという視点から，授業の改善を図っていく必要がある。さらに，学習意欲を高め学び続ける教員を養成していく必要があると考える。

5.5. 文献

[1] 吉田俊久,「第6節 理科における日常生活，産業・社会・人間と関連した題材の作成」,日常生活教材作成研究会,『平成16年度文部科学省委嘱研究報告書：学習内容と日常生活との関連性の研究―学習内容と日常生活，産業・社会・人間とに関連した題材の開発―』, p.19, 2005.
http://www.mext.go.jp/a_menu/shotou/gakuryoku/siryo/05070801/004.pdf
（2018.4.22取得）

[2] 文部科学省，国立教育政策研究所,『OECD 生徒の学習到達度調査～2015年調査補足資料～』, 2016.
https://www.nier.go.jp/kokusai/pisa/pdf/2015/06_supple.pdf （2018.4.22取得）

［3］　藤沢市教育文化センター，『第11回「学習意識調査」報告書―藤沢市立中学校3年生の学習意識―』，pp. 29-30，2016.
　　　http://www1.fujisawa-kng.ed.jp/kyobun-c/index.cfm/1,1672,53,pdf/（2018.4.22取得）
［4］　百瀬光一，「学生の学習意欲を高めるための授業開発の試み―学生参加型の授業の設定を通して―」『山梨学院大学法学論集』，第71号，pp. 195-210，2013.
［5］　文部科学省中央教育審議会，「学士課程教育の構築に向けて（答申）」，2008.
　　　http://www.mext.go.jp/component/b_menu/shingi/toushin/__icsFiles/afieldfile/2008/12/26/1217067_001.pdf（2018.4.22取得）
［6］　国立教育政策研究所，「大学生の学習実態に関する調査研究について（概要）」，2016.
　　　http://www.nier.go.jp/05_kenkyu_seika/pdf06/gakusei_chousa_gaiyou.pdf（2018.4.22取得）
［7］　ベネッセ教育総合研究所，「第2回大学生の学習・生活実態調査報告書」，2012.
　　　http://berd.benesse.jp/berd/center/open/report/daigaku_jittai/2012/hon/pdf/data_14.pdf（2018.4.22取得）
［8］　ベネッセ教育総合研究所，「第3回大学生の学習・生活実態調査」，2017.
　　　http://berd.benesse.jp/up_images/research/3_daigaku-gakushu-seikatsu_all.pdf（2018.4.22取得）
［9］　上田佳苗，恒吉徹三，「大学生の学業意欲の変化について」『山口大学教育学部附属教育実践総合センター研究紀要』，36巻，pp. 115-123，2013.
［10］　国立教育政策研究所，「平成25年度全国学力・学習状況調査報告書」，2013.
　　　https://www.nier.go.jp/13chousakekkahoukoku/data/research-report/crosstab_report.pdf（2018.4.22取得）
［11］　小孫康平，「教職志望大学生の学習意欲に関する教育学的研究」『日本教育工学会研究報告集』，JSET18（1），pp. 149-155，2018.
［12］　樋口耕一，「社会調査のための計量テキスト分析―内容分析の継承と発展を目指して―」，ナカニシヤ出版，2014.
［13］　梅本貴豊，田中健史朗，「授業外学習における動機づけ調整方略，動機づけ要因と学習行動の関連」『心理学研究』，Vol. 88，No. 1，pp. 86-92，2017.
［14］　見舘好隆，永井正洋，北澤武，上野淳，「大学生の学習意欲，大学生活の満足度を規定する要因について」『日本教育工学会論文誌』，Vol. 32，No. 2，pp. 189-196，2008.

第6章 アクティブ・ラーニングと遊び

6.1. アクティブ・ラーニング

　近年,大学生の学習意欲の低下は,学生側の問題だけではなく,カリキュラムや授業内容などの改革も必要とする,教育現場の課題の一つになっている[1]。

　中央教育審議会答申（2012）[2]では,「従来のような知識の伝達・注入を中心とした授業から,学生が主体的に問題を発見し解を見いだしていく能動的学修（アクティブ・ラーニング）への転換が必要である」と指摘する。

　このように,アクティブ・ラーニングによる授業を実施することにより,学生が自発的,能動的に学ぶことができ,「学ぶ意欲」を高めることが期待されている。

　2020年度以降に実施される小中高校の次期学習指導要領では,「アクティブ・ラーニング」（主体的・対話的で深い学び）の視点を重視した指導が導入される。

　幼児教育でも,2018年度から遊びの中で,アクティブ・ラーニングのための基本的な生活習慣を指導していくことが提唱されている。

　新幼稚園教育要領では,「幼児期に育みたい資質・能力は,小学校以降のようないわゆる教科指導で育むのではなく,幼児の自発的な活動である遊びや生活の中で,感性を働かせてよさや美しさを感じ取ったり,不思議さに気付いたり,できるようになったことなどを使いながら,試したり,いろいろな方法を工夫したりすることなどを通じて育むことが重要である」としている[3]。

　つまり,幼児教育における重要な学習としての「遊び」は,環境の中で

様々な形態により行われ，幼児教育に携わる教員は，主体的な学び，対話的な学び，深い学びが実現できているかという視点から指導の改善を図っていくことが必要となる[4]。

ところで，親や教師は子どもに向かって，「遊んでいる場合じゃない，勉強しなさい」と注意する場面が度々見受けられる。勉強が「善」で，遊びが「悪」という認識があると思われる[5]。次に，遊びについて検討する。

6.2. 遊びとは

先ずは，遊戯論において代表的な研究者であるホイジンガ，カイヨワの考え方について検討する。

6.2.1. ホイジンガ

ホイジンガは，「遊び」概念を次のように定義している[6]。

遊びとは，あるはっきり定められた時間，空間の範囲内で行われる自発的な行為もしくは活動である。それは自発的に受け入れた規則に従っている。その規則はいったん受け入れられた以上は絶対的拘束力をもっている。遊びの目的は行為そのもののなかにある。それは，緊張と歓びの感情を伴い，またこれは「日常生活」とは，「別のもの」という意識に裏づけられている。

ホイジンガは，遊びの本質とその表現形態を考察し，「遊び」は「文化」を生み，これを支えるものであるという結論を導いている。また，「遊び」の形式的特徴は，まず「遊び」という概念が，それ以外のあらゆる思考形式とは常に無関係であると指摘している[7]。さらに，遊びを「自己完結性（独立性，あるいは自己目的性）」と呼び，その自己完結性があるために「面白さ」があると述べている[8]。

6.2.2. カイヨワ

カイヨワは，遊びを①自由な活動，②隔離された活動，③未確定の活動，④非生産的活動，⑤規則のある活動，⑥虚構の活動と定義している。また，カイヨワは，すべての遊びはアゴン（競争），アレア（運），ミミクリ（模擬），イリンクス（目眩）の4要素いずれかの役割が優位を占めているとした[9]。4要素の具体的「遊び」の例は，次の通りである。

アゴンは，サッカーやビー玉やチェスをして遊ぶことである。アレアは，ルーレットや富くじに賭けて遊ぶことである。ミミクリは，海賊ごっこをして遊んだり，ネロやハムレットを演じて遊ぶことである。イリンクスは，急速な回転や落下運動によって，自分の内部に器官の混乱と惑乱の状態を生じさせて遊ぶことである。

しかし，カイヨワの定義には，問題点も指摘されている[10]。例えば，遊びは自由な活動と指摘しながら，一方では規則のある活動と述べている。このように複数の志向性をその定義に含めているなどの問題点がある。

また，小原（2011）[11]は，カイヨワの4分類にあてはまらない「遊び」として次の項目を指摘している。

①人間の基本的活動（食事，会話，装い，買い物など）
②自然との遊び（山歩き，木登り，釣りなど）
③収集の遊び（カード集め，昆虫採集など）
④頭を使う遊び（パズル，クイズ，なぞなぞなど）
⑤美的で創造的な遊び（広い意味での芸術一般）
⑥眩暈的でない感覚の遊び
　・体を動かすこと自体の楽しみ（散歩，ジョギングなど）
　・リズミカルな活動やフィードバックのあるやりとり（音楽やダンス，お

手玉，いないいないばあなど）
- バランスやスピードの楽しみ（竹馬，一輪車，サーフィン，スキー，バイクなど）

6.3. 遊びの権利宣言

1979年にIPA（International Playground Association）は国際児童年を記念して，「遊びの権利宣言」を作成し公表した。その中で，子ども遊びの特質を，次の6つに分けて説明している[12]。

① 遊びは本能的なものであり，自発的なものであり，自ら生ずるものであり，生まれながらのものであり，探索的なものである。
② 遊びは子どもの生活すべてである。
③ 遊びは，子どもの中にある目に見えないあらゆるものを顕在化させる動力である。
④ 遊びは相互交流であり，内なるものの表出であり，行動と意味を結びつけるものである。また，遊びは，そのことによって，満足感と成就感を子どもに与えるものである。
⑤ 遊びは，子どもの身体や心や感情や社会性を発達させるものである。
⑥ 遊びは，子どもが生きていくために必要なさまざまなことを身につける手段であって，単なる暇つぶしではない。

6.4. 遊びの面白さ

なぜ遊びは面白いのだろうか。ここでは，エリスとチクセントミハイの理論について検討する。

6.4.1. エリス

エリスの最適覚醒理論では，最適な水準から逸脱すると不快感を誘発する

ため，脳内の覚醒水準（活動水準）が最適な状態になるように行動するという。最適な覚醒水準の刺激としては，新奇性，不確実性，複雑性が必要であると指摘されている。個人が最適覚醒以下のときは刺激を求める。一方，最適覚醒以上の水準にあるときは，刺激を避けるのである[13]。つまり，最適な覚醒水準をもたらしうる刺激，および，もたらしそうな刺激は個人にとって「面白さ」を感じることができると指摘している[14]。

6.4.2. チクセントミハイ

チクセントミハイは，楽しさを覚える状態を Flow（以下，フローとする）と定義した。また，その形式的特徴をフロー理論としてモデル化した[15]。

加藤（2012）[16]は，教授者・教材設計者に対して，学習教材・学習環境の再設計（改善）に関する活動を支援するために，フロー理論に着目した再設計支援フレームワークを提案し，フレームワークの活動の中心となるフロー理論適合度チェックリストを具体的に提案した。

ところで，児童・生徒の学習意欲を高めるための教育方法や指導法の研究は盛んに行われている。特に，フロー理論は，学習意欲の改善を図ることができる可能性があると考えられる。しかし，フロー理論を教育分野に応用した実践研究は少ないのが現状である。

浅川・チクセントミハイ（2009）[17]によると，人間がフローという楽しい経験を通してより複雑な能力を身につけ，成長していく過程は次のようなパターンが考えられると指摘している。

①能力は低いが，課題の困難さも低いときは，つりあった状態にありフローを経験する。
②活動を繰り返し行うことにより能力が高くなるが，困難さが低いときは，退屈なものと感じ始める。そこで，困難さを上げて再びフロー状態に戻ろうとする。

③能力が低いときに，困難な課題が与えられると不安を感じる。そこで，能力を向上させて再びフロー状態へ戻ろうとする。

④さらに能力が高まれば，困難さが依然と同じであれば退屈と感じるようになり，より高いレベルの挑戦に遭遇すれば不安を感じるのである。

⑤不安な状態を脱し，フロー状態に戻るためには，さらに高次な挑戦的活動に取り組むか，あるいは挑戦に見合ったレベルの能力を身につけなければならない。

このように，人はフローという楽しい経験を通してより複雑で高度な技術や能力を身につけていくことになる。

6.5. 遊びの経験や遊びの意識

子どもの頃からデジタルメディアの環境の中で過ごした大学生は，遊びの意義や指導方法をどのように考えているのかを明らかにすることは，今後，教育現場で「アクティブ・ラーニング」(主体的・対話的で深い学び)を取り入れた指導を行う際の有力な材料になると考えられるので重要である。しかし，教職を目指している大学生が幼児や小学生の遊びを，どのように考え，アクティブ・ラーニングと遊びの経験との関連性について検討した研究は，ほとんど行われていない。また，従来の調査では，質問に関する回答を予め準備した選択肢の中から選ばせるという方法をとられることが多いが，この方法では，遊びの意識に関しては，自由に表現できない。

小孫 (2017)[18] は教職志望大学生を対象に，幼児および小学生の頃の遊びの経験や遊びの意識を明らかにした。また，アクティブ・ラーニングと遊びの経験との関連性について検討した。

6.5.1. 調査対象および方法

対象者は，教職を志望し，教育方法学 (3年生対象科目) を履修している大

学生100名(男性66名,女性34名)を分析対象とした。

調査対象者に対して,「幼児(小学校就学前)の頃,どのような遊びをしていましたか。どういうところが面白かったのですか」,「小学生の頃,どのような遊びをしていましたか。どういうところが面白かったのですか」,「あなたにとって,遊びとは何ですか」という教示文を提示し,自由記述による回答(150字程度)を求め,計量テキスト分析から明らかにした。

今回は,テキスト型を統計的に分析するためのソフトウェアである「KH Coder」[19]を用いて,頻度分析および共起ネットワーク分析を行う。

6.5.2. 幼児の頃の遊び

文章の単純集計を行った結果,465の文が確認された。表6-1は,幼児の頃の遊びに関して,出現回数の多い単語から順に出現回数20までの単語をリストアップしたものである。「面白い」が228回で一番多く,次いで「作る」が104回,「楽しい」が101回,「遊ぶ」が72回,「鬼」が56回,「友達」が55回となっている。

図6-1は,幼児の頃の遊びに関する共起ネットワーク分析の結果を示したものである。KH Coderの設定は,次の通りである。集計単位は文,最小出

表6-1 幼児の頃の遊びに関しての頻出語

抽出語	出現回数	抽出語	出現回数
面白い	228	鬼ごっこ	39
作る	104	遊び	37
楽しい	101	逃げる	32
遊ぶ	72	隠れる	24
鬼	56	形	24
友達	55	好き	23
自分	54	水	23
泥	54	砂	21
団子	41	高い	20

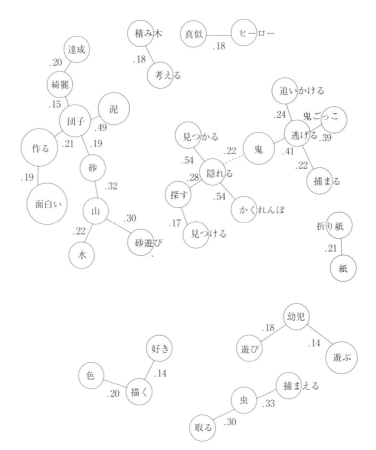

図6-1　幼児の頃に関する共起ネットワーク分析

現数は10，Jaccard係数は0.14以上，共起関係の検出方法はサブグラフ検出を用いた。なお，数字は，Jaccard係数である。実線で結ばれた語のグループは9つであった。

①「泥」，「団子」，「作る」，「面白い」，「砂」，「山」，「水」，「砂遊び」，「綺麗」，「達成」という10語のネットワークで構成されている。特に「泥」と「団子」ではJaccard係数は0.49で関連が強い。また，「砂」と「山」では

Jaccard 係数は0.32,「砂遊び」と「山」ではJaccard 係数は0.30であった。「泥団子や砂遊び」と解釈できる。具体的な回答としては,「泥団子作り,綺麗に作れたときの達成感」,「砂遊び,水を使って山を作る」といったものがあった。

②「鬼ごっこ」,「鬼」,「逃げる」,「追いかける」,「捕まる」という5語のネットワークで構成されている。特に「鬼」と「逃げる」ではJaccard 係数は0.41であった。また,「鬼ごっこ」と「逃げる」では,Jaccard 係数は0.39であった。「鬼ごっこ遊び」と解釈できる。「鬼ごっこの面白いところは鬼から捕まらずに逃げきる」,「鬼から全力で逃げることや,仲間と協力しながら捕まらないように逃げる」などの回答があった。

③「かくれんぼ」,「隠れる」,「見つかる」,「探す」,「見つける」,という5語のネットワークで構成されている。特に「かくれんぼ」と「隠れる」ではJaccard 係数は0.54で関連が強い。また,「隠れる」と「見つかる」ではJaccard 係数は0.54であった。「かくれんぼ遊び」と解釈できる。「かくれんぼ,鬼に見つからない場所を探して隠れるところが面白い」などの回答があった。

④「虫」,「取る」,「捕まえる」という3語のネットワークで構成されている。特に「虫」と「捕まえる」ではJaccard 係数は0.33で関連が強い。また,「虫」と「取る」ではJaccard 係数は0.30であった。「虫取り遊び」と解釈できる。「外に出て様々な虫を捕まえて観察するのが面白い」などの回答があった。

⑤「色」,「描く」,「好き」という3語のネットワークで構成されている。「絵遊び」と解釈できる。「いろんな色を使って自分だけの絵を描くのが面白い」などの回答があった。

⑥「幼児」,「遊ぶ」,「遊び」という3語のネットワークで構成されている。「幼児の遊び」と解釈できる。

⑦「折り紙」,「紙」という2語のネットワークで構成されている。「折り

紙遊び」と解釈できる。

⑧「ヒーロー」,「真似」という2語のネットワークで構成されている。「ヒーローの真似遊び」と解釈できる。「私が好きだったヒーローの真似をすることで,そのヒーローになった気持ちになれることが面白い」などの回答があった。

⑨「積み木」,「考える」という2語のネットワークで構成されている。「積み木遊び」と解釈できる。「自分の考えるものを積み木でつくる作業が面白い」などの回答があった。

幼児(小学校就学前)の頃の遊びに関しては,「泥団子」,「鬼ごっこ」,「かくれんぼ」,「虫取り」,「絵描き」,「折り紙」,「ヒーローの真似」,「積み木」などで遊んでいたことが明らかになった。

小学校就学前の幼児の頃では,素材(泥団子,かくれんぼ,積み木など)や場(砂場,広場など)の選択から色々な遊びが創出されている。また,「面白い」に関する記述の出現回数は228回(表6-1)であり相対的に高かった。「楽しい」に関する記述の出現回数は101回であったことから明らかなように,面白さや楽しさを追求していることがわかる。

具体的な文章として,「泥団子作りでは綺麗に作れたとき達成感がある」などと回答していることから,綺麗に作るために試行錯誤を繰り返す中で,遊びに没頭し,達成感を得るといった過程をたどることがわかる。

このように,遊びは,周囲の環境に興味を持って積極的に働き掛け,見通しを持って粘り強く取り組み,自らの遊びを振り返って,期待を持ちながら,次につなげる「主体的・対話的で深い学び」が実現できると考える。

6.5.3. 小学生の頃の遊び

文章の単純集計を行った結果,463の文が確認された。表6-2は,小学生の頃の遊びに関して,出現回数の多い単語から順に出現回数20までの単語をリストアップしたものである。「面白い」が241回で一番多く,次いで「楽し

表6-2 小学生の頃の遊びに関しての頻出語

抽出語	出現回数	抽出語	出現回数
面白い	241	ドッジボール	27
楽しい	85	隠れる	26
ボール	78	作る	26
鬼	63	野球	26
相手	50	ドロ	24
友達	45	投げる	24
鬼ごっこ	40	捕まえる	24
ゲーム	37	カード	23
逃げる	37	仲間	23
チーム	34	嬉しい	21
泥棒	33	捕まる	21
警察	32	遊び	21
自分	32	ケイ	20
当てる	31	行く	20
遊ぶ	28	追いかける	20

い」が85回,「ボール」が78回,「鬼」が63回,「相手」が50回,「友達」が45回となっている。

図6-2は,小学生の頃の遊びに関する共起ネットワーク分析の結果を示したものである。KH Coderの設定は,次の通りである。集計単位は文,最小出現数は10,Jaccard係数は0.20以上,共起関係の検出方法はサブグラフ検出を用いた。なお,数字は,Jaccard係数である。実線で結ばれた語のグループは7つであった。

①「ドッジボール」,「ボール」,「投げる」,「相手」,「当てる」,「避ける」という6語のネットワークで構成されている。特に「ボール」と「当てる」ではJaccard係数は0.37で関連が強い。また,「相手」と「当てる」ではJaccard係数は0.29,「ボール」と「投げる」ではJaccard係数は0.28であった。「ドッヂボール等のボール投げ遊び」と解釈できる。具体的な回答としては,「ドッヂボール,ボールを投げて人に当てたり,避けたり,捕ったり

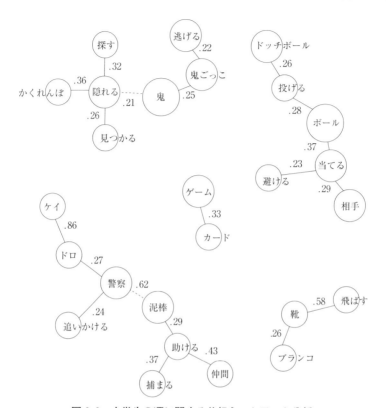

図6-2 小学生の頃に関する共起ネットワーク分析

するのが面白い」といったものがあった。

②「泥棒」,「捕まる」,「仲間」,「助かる」という4語のネットワークで構成されている。特に「仲間」と「助ける」ではJaccard係数は0.43であった。また,「助ける」と「捕まる」では,Jaccard係数は0.37であった。「泥棒遊び」と解釈できる。「泥棒の仲間を助けるところが面白い」などの回答があった。

③「ケイ」,「ドロ」,「警察」,「追いかける」という4語のネットワークで構成されている。特に「ケイ」と「ドロ」ではJaccard係数は0.86で関連が

強い。「ケイドロ遊び」と解釈できる。「ケイドロ，警察役の子に捕まらないように逃げるのが楽しい」などの回答があった。

④「かくれんぼ」，「隠れる」，「探す」，「見つかる」という4語のネットワークで構成されている。特に「かくれんぼ」と「隠れる」ではJaccard係数は0.36であった。また，「探す」と「隠れる」では，Jaccard係数は0.32であった。「かくれんぼ遊び」と解釈できる。「かくれんぼ，鬼にばれないように全力で隠れて息を殺しドキドキするところが面白い」などの回答があった。

⑤「鬼ごっこ」，「鬼」，「逃げる」という3語のネットワークで構成されている。「鬼ごっこ遊び」と解釈できる。

⑥「ブランコ」，「靴」，「飛ばす」という3語のネットワークで構成されている。特に「靴」と「飛ばす」ではJaccard係数は0.58であった。「ブランコで靴飛ばし遊び」と解釈できる。「ブランコに乗ってどちらが遠くまで靴を飛ばすことができるか競い合う」などの回答があった。

⑦「カード」，「ゲーム」という2語のネットワークで構成されている。Jaccard係数は0.33であった。「カードゲーム遊び」と解釈できる。

このように，小学生の頃の遊びに関しては，「ドッジボール」，「ケイドロ」，「かくれんぼ」，「鬼ごっこ」，「靴飛ばし」，「カードゲーム」などで遊んでいたことが明らかになった。また，「面白い」に関する記述の出現回数は241回（表6-2）であり相対的に高かった。「楽しい」に関する記述の出現回数は85回であったことから明らかなように，面白さや楽しさを追求していることがわかる。

6.5.4. 遊びの意識

文章の単純集計を行った結果，378の文が確認された。表6-3は，遊びの意識に関して，出現回数の多い単語から順に出現回数20までの単語をリストアップしたものである。「遊び」が276回で一番多く，次いで「考える」が90回，「思う」が68回，「自分」が61回，「遊ぶ」が58回，「友達」が57回，「楽

表 6-3　遊びの意識に関しての頻出語

抽出語	出現回数	抽出語	出現回数
遊び	276	成長	31
考える	90	探す	19
思う	68	ブランコ	18
自分	61	靴	18
遊ぶ	58	助ける	18
友達	57	色	18
楽しい	56	ルール	16
時間	38	競う	16
学ぶ	33	見つかる	16
人	31	考える	16

しい」が56回となっている。

図6-3は，遊びの意識に関する共起ネットワーク分析の結果を示したものである。KH Coderの設定は，次の通りである。集計単位は文，最小出現数は10，Jaccard係数は0.15以上，共起関係の検出方法はサブグラフ検出を用いた。なお，数字は，Jaccard係数である。実線で結ばれた語のグループは9つであった。

①「ルール」，「守る」，「学ぶ」，「成長」，「社会」，「身」という6語のネットワークで構成されている。特に「ルール」と「守る」ではJaccard係数は0.56で関連が強い。また，「社会」と「守る」ではJaccard係数は0.29であった。「ルールを学ぶなどによる成長」と解釈できる。具体的な回答としては，「ルールを守ることの大切さも学ぶことができる」といったものがあった。

②「友達」，「遊ぶ」，「仲良く」，「深める」，「知る」という5語のネットワークで構成されている。「友達と仲良く遊ぶ」と解釈できる。「遊びを通して友達と仲良くなることを学ぶ」などの回答があった。

③「体」，「動かす」，「身体」，「小さい」，「今」という5語のネットワークで構成されている。特に「体」と「動かす」ではJaccard係数は0.50で関連

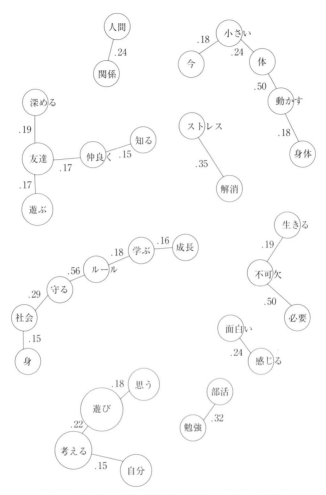

図6-3 遊びの意識に関する共起ネットワーク分析

が強い。「体を動かす」と解釈できる。「体を動かすことが身体の成長と健康につながる」などの回答があった。

④「遊び」,「考える」,「自分」,「思う」という4語のネットワークで構成されている。

特に「遊び」と「考える」ではJaccard係数は0.22であった。「遊びを自分で考える」と解釈できる。具体的な回答としては，「自分たちで考えて新しいものを生み出せるのも遊びのいいところである」といったものがあった。

⑤「生きる」，「不可欠」，「必要」という3語のネットワークで構成されている。特に「不可欠」と「必要」ではJaccard係数は0.50で関連が強い。「生きる上で必要不可欠」と解釈できる。具体的な回答としては，「遊びとは生きていく上で必要不可欠なものだと考える」といったものがあった。

⑥「人間」，「関係」という2語のネットワークで構成されている。「人間関係」と解釈できる。「一人ではできない遊びがたくさんあるので人間関係の育成にも繋がる」などの回答があった。

⑦「ストレス」，「解消」という2語のネットワークで構成されている。「ストレス解消」と解釈できる。「遊ぶことによってストレス解消や安らぎを得る事ができる」などの回答があった。

⑧「面白い」，「感じる」という2語のネットワークで構成されている。「面白いと感じる」と解釈できる。「遊びとは楽しい面白いと感じる活動のことである」などの回答があった。

⑨「部活」，「勉強」という2語のネットワークで構成されている。「部活や勉強」と解釈できる。「勉強や部活なども遊びという息抜きがあるから頑張ることが出来る」などの回答があった。

遊びの意識に関しては，「ルールを学ぶなどによる成長」，「友達と仲良く遊ぶ」，「体を動かす」，「遊びを自分で考える」，「生きる上で必要不可欠」，「人間関係」，「ストレス解消」，「面白いと感じる」と考えていることが明らかになった。このように，遊びは，ルールを学ぶことができ，仲良く遊ぶことにより人間関係を育むことできると考えている。また，遊びを自分で考えることで，面白いと感じ，生きる上で必要不可欠であると感じているということが明らかになった。

高等教育機関におけるアクティブ・ラーニングによる授業展開が注目され

る中，麓 (2016)[20]は，受講する学生の「楽しさ」の要因としてアクティブ・ラーニングにおける「遊び」の要素が考えられると述べている。

また，大野 (2017)[21]は，まだ実社会には出ていない，能力開発の時期である生徒・学生のアクティブ・ラーニングでは，大いに「遊び」の感覚が加味された活動であることが良い結果を生むことも予想されると指摘している。

さらに，藤川 (2017)[22]は「主体的・対話的で深い学びとされるものをゲームとみなせば，枠組みには受動的に従いながら枠組みの中では能動的であるというあり方に，困難は感じられない」と述べている。このように，アクティブ・ラーニングは，遊びと深くつながっていることがわかる。

特に，幼児教育では遊びが重要であるので，幼稚園等の教員養成大学においては，遊びの内容を扱った授業が導入されている。教育方法学（初等）においても遊びの要素を取り入れた授業を進める必要があると考える。つまり，遊びは子どもにとって重要であると一方的に指導するのではなく，子どもの頃，どのような遊びをしたのか，デジタルメディア時代における遊びとは何か，なぜビデオゲームに夢中になる子どもがいるのか，などについて話し合い，意見をまとめ発表させる方法を取り入れる必要がある。また，本研究の結果を基にして，幼児教育における重要な学習としての遊びは，環境の中で様々な形態により行われていることを話し合い，遊びとは何かについて学び取ることが必要である。さらに，主体的な学び，対話的な学び，深い学びが実現できているかという視点から指導の改善を図っていくなど，学び続ける教員を養成していく必要がある。

6.6. 文献

[１] 信川景子,「アクティブ・ラーニングによる汎用的能力向上の認識効果」『星稜論苑』，第44号，pp. 9-19, 2015.
http://www.seiryo-u.ac.jp/u/education/gakkai/j_ronsyu_pdf/no44/02_nobukawa.pdf（2018.4.22取得）

［2］ 中央教育審議会,「新たな未来を築くための大学教育の質的転換に向けて〜生涯学び続け,主体的に考える力を育成する大学へ〜（答申）」, p.9, 2012.
http://www.mext.go.jp/component/b_menu/shingi/toushin/__icsFiles/afieldfile/2012/10/04/1325048_1.pdf（2018.4.22取得）

［3］ 文部科学省,「新幼稚園教育要領のポイント」『学校施設の在り方に関する調査研究協力者会議幼稚園施設部会資料3』, p.8, 2017.
http://www.mext.go.jp/b_menu/shingi/chousa/shisetu/044/001/shiryo/__icsFiles/afieldfile/2017/08/28/1394385_003.pdf（2018.4.22取得）

［4］ 文部科学省,「新幼稚園教育要領のポイント」『学校施設の在り方に関する調査研究協力者会議幼稚園施設部会資料3』, p.14, 2017.
http://www.mext.go.jp/b_menu/shingi/chousa/shisetu/044/001/shiryo/__icsFiles/afieldfile/2017/08/28/1394385_003.pdf（2018.4.22取得）

［5］ 小孫康平,『ビデオゲームプレイヤーの心理学とゲーム・リテラシー教育』, 風間書房, 2016.

［6］ ホイジンガ, J., 高橋英夫（訳）,『ホモ・ルーデンス』, p.73, 中公文庫, 1973.

［7］ 白井暁彦,「エンタテイメントシステム」『芸術科学会論文誌』, Vol.3, No.1, pp.22-34, 2004.

［8］ 小川純生,「遊び概念―面白さの根拠―」『経営研究所論集』, 第26号, pp.99-119, 2003.

［9］ カイヨワ, R., 多田道太郎, 塚崎幹夫（訳）,『遊びと人間』, p.44, 講談社学術文庫, 1990.

［10］ 井上明人,「遊びとゲームをめぐる試論―たとえば,にらめっこはコンピュータ・ゲームになるだろうか―」『未来心理』, 13号, pp.29-39, 2008.

［11］ 小原一馬,「遊びの面白さ―遊び理論におけるゴフマン社会学の位置付け―」『ソシオロジ』, Vol.56, No.2, pp.3-20, 2011.

［12］ 門脇厚司,「子どもの体験と遊び」『国立青少年教育振興機構特別講演』
http://www.niye.go.jp/kikaku_houkoku/upload/project/269/269_2.pdf（2018.4.22取得）

［13］ Ellis, M.J., *Why People Play*, Prentice Hall, 1973.（Ellis, M.J., 森楙, 大塚忠剛, 田中亨胤（訳）,『人間はなぜ遊ぶか遊びの総合理論』, 黎明書房, 2000.）

［14］ 小川純生,「遊びは人間行動のプラモデル？」『経営論集』, 第58号, pp.25-49, 2003.

［15］ M.チクセントミハイ, 今村浩明（訳）『フロー体験喜びの現象学』, 世界思想社,

1996.
［16］加藤泰久，「フロー理論に着目した学習教材・学習環境の再設計支援手法に関する研究」『博士論文』，2012.
［17］浅川希洋志，ミハイ・チクセントミハイ，「効果的 e-Learning のためのフロー理論の応用」『日本 e-learning 学会誌』，Vol. 9，pp. 4-9，2009.
［18］小孫康平，「アクティブ・ラーニングと遊びの経験との関連性に関する教育方法学的研究」『日本教育工学会研究報告集』，JSET17（5），pp. 31-37，2017.
［19］樋口耕一，『社会調査のための計量テキスト分析―内容分析の継承と発展を目指して―』，ナカニシヤ出版，2014.
［20］麓洋介，「アクティブ・ラーニングと幼児教育―"遊び"の視点から―」『愛知教育大学教職キャリアセンター教科教育学研究部門』，SCOPEⅢ，No. 6，p. 16，2016.
［21］大野久，「アクティブ・ラーニングの本質とその方法」『立教大学教職課程教職研究』，第29号，pp. 139-144，2017.
［22］藤川大祐，「アクティブ・ラーニングとゲーミフィケーション―「主体的・対話的で深い学び」のデザインに関する考察―」，藤川大祐（編），「教育におけるゲーミフィケーションに関する実践的研究（2）」『千葉大学大学院人文社会科学研究科研究プロジェクト報告書』，第319集，pp. 1-9，2017.

第7章　中学生・高校生時代の遊び

7.1．目的

　第6章では幼児および小学生の頃，どのような遊びをしていたのかを明らかにした。中学生・高校生時代になると，いわゆる「子どもの遊び」から「大人の遊び」と移行すると考えられる。つまり，遊びの内容も大きく変化すると思われる。

　そこで本研究では，教職志望大学生を対象に，中学生および高校生時代の遊びの経験を計量テキスト分析から明らかにすることを目的とした。特に，男女別，学部別による差異について検討する。

7.2．調査対象および方法

　対象者は，教職を志望している教育系学部の大学生100名（男性66名，女性34名）およびスポーツ系学部の大学生119名（男性88名，女性31名），計219名（男性154名，女性65名）を分析対象とした。

　調査対象者に対して，「中学生時代どのような遊びをしていましたか。どういうところが面白かったのですか」，「高校生時代どのような遊びをしていましたか。どういうところが面白かったのですか」という教示文を提示し，自由記述による回答（150字程度）を求めた。

　今回は，テキスト型を統計的に分析するためのソフトウェアである「KH Coder」[1]を用いて，頻度分析および共起ネットワーク分析を行う。

7.3. 中学生時代の遊び

7.3.1. 中学生時代の遊びに関しての頻出語

表7-1は，中学生時代の遊びに関して，出現回数の多い単語から順に出現回数40までの単語をリストアップしたものである。「面白い」が361回で一番多く，次いで「楽しい」が258回,「ゲーム」が164回,「友達」が159回,「サッカー」が101回,「遊ぶ」が87回,「ボール」が79回となっている。

7.3.2. 中学生時代の遊びに関する共起ネットワーク分析

図7-1は，中学生時代の遊びに関する共起ネットワーク分析の結果を示したものである。KH Coderの設定は，次の通りである。集計単位は段落，最小出現数は15，Jaccard係数は0.20以上，共起関係の検出方法はサブグラフ検出を用いた。なお，数字は，Jaccard係数である。実線で結ばれた語のグループは9つであった。

①「面白い」,「友達」,「ゲーム」,「テレビゲーム」,「ゲームセンター」,「コイン」,「カード」,「自分」,「対戦」という9語のネットワークで構成されている。特に「友達」と「ゲーム」ではJaccard係数は0.38で関連が強い。また,「ゲームセンター」と「コイン」ではJaccard係数は0.38,「友達」と

表7-1 中学生時代の遊びに関しての頻出語

抽出語	出現回数	抽出語	出現回数
面白い	361	自分	58
楽しい	258	野球	54
ゲーム	164	使う	49
友達	159	相手	49
サッカー	101	中学生	46
遊ぶ	87	遊び	45
ボール	79	テレビゲーム	41
行く	66		

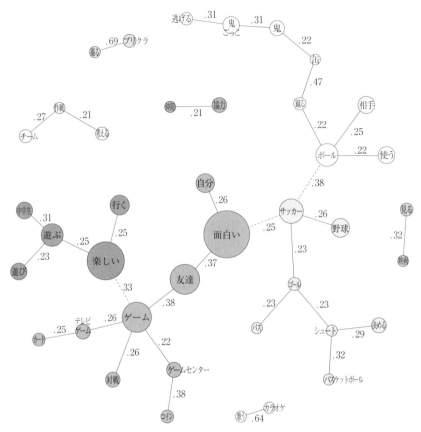

図7-1 中学生時代の遊びに関する共起ネットワーク分析

「面白い」では Jaccard 係数は0.37であった。「ゲーム遊び」と解釈できる。具体的な回答としては,「テレビゲーム,みんなで一緒にできるのが面白かった」,「テレビゲームやカードゲームをして遊んだ」といったものがあった。

②「ボール」,「相手」,「使う」,「蹴る」,「缶」,「鬼」,「鬼ごっこ」,「逃げる」という8語のネットワークで構成されている。特に「缶」と「蹴る」では Jaccard 係数は0.47であった。「缶蹴り,鬼ごっこ遊び」と解釈できる。

「缶けり，鬼が気付かない間に缶を思い切り蹴る事が面白い」，「鬼ごっこをすることが面白い」などがあった。

　③「サッカー」，「野球」，「ゴール」，「シュート」，「バスケットボール」，「パス」，「決める」という7語のネットワークで構成されている。特に「バスケットボール」と「シュート」ではJaccard係数は0.32であった。「サッカー・野球・バスケットボール遊び」と解釈できる。「放課後はいつもサッカーをしていた」，「ボールを投げたり打ったりする野球が面白い」などがあった。

　④「楽しい」，「遊ぶ」，「遊び」，「中学生」，「行く」という5語のネットワークで構成されている。「遊びは楽しい」と解釈できる。「ミニゲームなどをして仲間と遊ぶのが楽しい」などがあった。

　⑤「チーム」，「作戦」，「考える」という3語のネットワークで構成されている。「チーム作戦」と解釈できる。「ゲームごとに作戦を立ててゲームをするのが楽しい」などがあった。

　⑥「プリクラ」，「撮る」という2語のネットワークで構成されている。「プリクラ写真」と解釈できる。「プリクラを撮るのも面白く楽しかった」などがあった。

　⑦「仲間」，「協力」という2語のネットワークで構成されている。「仲間と協力」と解釈できる。「仲間と協力して助けたりするのが面白かった」などがあった。

　⑧「見る」，「映画」という2語のネットワークで構成されている。「映画鑑賞」と解釈できる。「映画を見て感想を語り合えるところが楽しい」などがあった。

　⑨「カラオケ」，「歌う」という2語のネットワークで構成されている。「カラオケ」と解釈できる。「カラオケで大きな声で歌えるところが面白い」などがあった。

7.3.3. 男女別

図7-2は，中学生時代の遊びに関して男女別の回答理由に関する共起ネットワーク分析の結果を示したものである。KH Coderの設定は，次の通りである。集計単位は段落，最小出現数は15，Jaccard係数は0.25以上，外部変数として男女を用いた。

男女を示す矩形の外側に並ぶ語は著明な差が見られた語群である。

「男性」では，「楽しい」，「友達」，「ゲーム」，「サッカー」，「野球」，「テレビゲーム」，「鬼ごっこ」といった語が頻出していた。

一方，「女性」では，「プリクラ」，「撮る」，「歌う」，「盛り上がる」，「話」

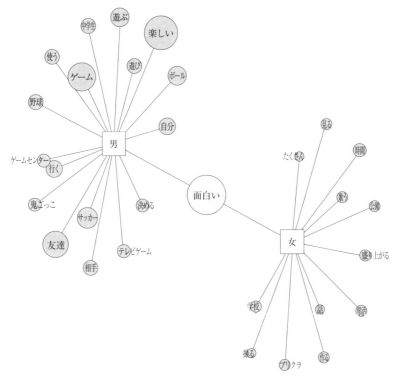

図7-2 男女別における中学生時代の遊びに関する共起ネットワーク分析

といった語が頻出していた。

7.3.4. 学部別

図 7-3 は，中学生時代の遊びに関して学部別の回答理由に関する共起ネットワーク分析の結果を示したものである。KH Coder の設定は，次の通りである。集計単位は段落，最小出現数は15，Jaccard 係数は0.20以上，外部変数として学部を用いた。

学部を示す矩形の外側に並ぶ語は著明な差が見られた語群である。

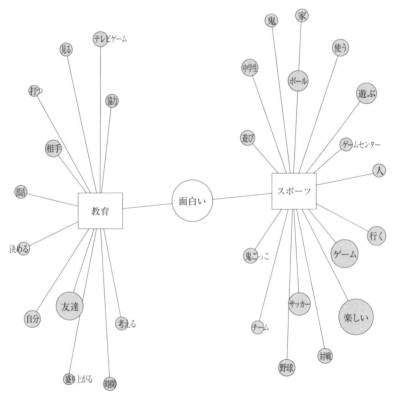

図 7-3　学部別における中学生時代の遊びに関する共起ネットワーク分析

「教育系学部」では,「友達」,「テレビゲーム」,「盛り上がる」といった語が頻出していた。

一方,「スポーツ系学部」では,「サッカー」,「野球」,「ボール」,「ゲーム」,「ゲームセンター」,「楽しい」といった語が頻出していた。

中学生時代の遊びに関しては,「ゲーム」,「缶蹴り,鬼ごっこ」,「サッカー・野球・バスケットボール」,「プリクラ」,「映画」,「カラオケ」などで遊んでいたことが明らかになった。また「チーム作戦」や「仲間と協力」するところが楽しいということが明らかになった。

特に,「ゲーム」に関する記述の出現回数は164回（表7-1）であり,相対的に高かった。また,「サッカー」は101回で,「野球」は54回であり,出現回数は高かった。このように中学生時代は,室内ではゲーム,屋外ではサッカーなどで遊ぶとともに,金銭が伴うプリクラや映画,カラオケで遊んでいることがわかる。

男女別では,男性は,「ゲーム」,「サッカー」,「野球」,「鬼ごっこ」といった語が頻出していた。一方,女性は,「プリクラ」,「撮る」,「歌う」,「話」といった語が頻出していた。つまり,プリクラ写真を撮ったり,歌ったり,話したりするのが遊びと考えていることが明らかになった。

学部別では,「教育系学部」は,「友達」,「テレビゲーム」,「盛り上がる」といった語が頻出していた。つまり,友達とテレビゲームで盛り上がるということがわかる。一方,「スポーツ系学部」は,「サッカー」,「野球」といったボールを使って遊んでいることがわかる。

7.4. 高校生時代の遊び

7.4.1. 高校生時代の遊びに関しての頻出語

表7-2は,高校生時代の遊びに関して,出現回数の多い単語から順に出現回数40までの単語をリストアップしたものである。「面白い」が314回で一番多く,次いで「楽しい」が250回,「友達」が185回,「ゲーム」が139回,「行

表 7-2　高校生時代の遊びに関しての頻出語

抽出語	出現回数	抽出語	出現回数
面白い	314	時間	57
楽しい	250	高校生	56
友達	185	遊び	52
ゲーム	139	見る	51
行く	121	人	46
カラオケ	84	ボウリング	45
自分	68	携帯	43
遊ぶ	68	サッカー	42
歌う	65		

く」が121回,「カラオケ」が84回となっている。

7.4.2. 高校生時代の遊びに関する共起ネットワーク分析

図7-4は,高校生時代の遊びに関する共起ネットワーク分析の結果を示したものである。KH Coderの設定は,次の通りである。集計単位は段落,最小出現数は15,Jaccard係数は0.20以上,共起関係の検出方法はサブグラフ検出を用いた。なお,数字は,Jaccard係数である。実線で結ばれた語のグループは8つであった。

①「行く」,「高校生」,「遊ぶ」,「遊び」,「食べる」,「ご飯」,「話す」,「話」,「店」,「ショッピング」,「買い物」,「服」,「買う」,「映画」,「見る」という15語のネットワークで構成されている。「ショッピング・映画・ご飯」と解釈できる。具体的な回答としては,「友達とショッピングに行ったり,ご飯を食べに行ったりする」などがあった。

②「カラオケ」,「歌」,「歌う」,「盛り上がる」,「ストレス」,「発散」,「ボウリング」,「スコア」,「競い合う」という9語のネットワークで構成されている。特に「カラオケ」と「歌う」ではJaccard係数は0.57であった。「カラオケ・ボウリング」と解釈できる。「カラオケに行ってみんなと歌って盛

り上がる」,「ボウリングで高いスコアを目指す」などがあった。

③「面白い」,「楽しい」,「友達」,「ゲーム」,「携帯」,「自分」,「時間」という7語のネットワークで構成されている。特に「友達」と「面白い」ではJaccard係数は0.41であった。また,「友達」と「楽しい」ではJaccard係数は0.40であった。「ゲーム遊び」と解釈できる。「ビデオゲームは,みんなで協力したり対戦したり,一人でも楽しめるのが面白い」などがあった。

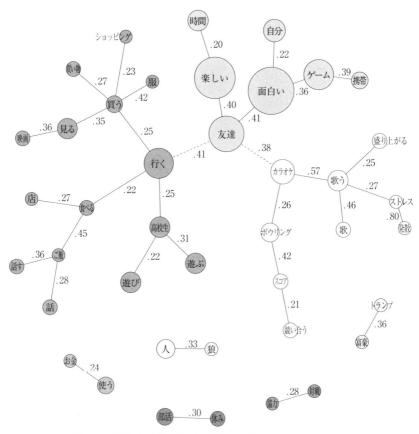

図7-4　高校生時代の遊びに関する共起ネットワーク分析

④「お金」,「使う」という2語のネットワークで構成されている。「金銭」と解釈できる。「少しお金を使ってカラオケやバッティングセンターでストレスを発散した」などがあった。

⑤「人」,「狼」という2語のネットワークで構成されている。「人狼ゲーム」と解釈できる。

⑥「部活」,「休み」という2語のネットワークで構成されている。「部活休み」と解釈できる。「部活の休みの日に集まってどっかに出かける」などがあった。

⑦「対戦」,「協力」という2語のネットワークで構成されている。「対戦と協力」と解釈できる。

⑧「トランプ」,「富豪」という2語のネットワークで構成されている。「トランプ遊び」と解釈できる。

7.4.3. 男女別

図7-5は,高校生時代の遊びに関して男女別の回答理由に関する共起ネットワーク分析の結果を示したものである。KH Coderの設定は,次の通りである。集計単位は段落,最小出現数は15,Jaccard係数は0.25以上,外部変数として男女を用いた。

男女を示す矩形の外側に並ぶ語は著明な差が見られた語群である。

「男性」では,「ゲーム」,「カラオケ」,「ボウリング」,「サッカー」,といった語が頻出していた。

一方,「女性」では,「歌う」,「買い物」,「服」,「映画」,「食べる」,「ご飯」といった語が頻出していた。

7.4.4. 学部別

図7-6は,高校生時代の遊びに関して学部別の回答理由に関する共起ネットワーク分析の結果を示したものである。KH Coderの設定は,次の通りで

第7章　中学生・高校生時代の遊び　91

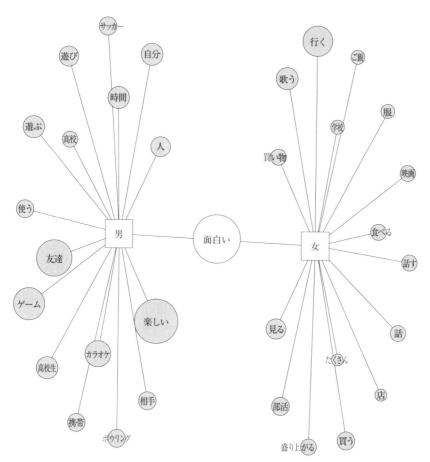

図7-5　男女別における高校生時代の遊びに関する共起ネットワーク分析

ある。集計単位は段落，最小出現数は15，Jaccard係数は0.20以上，外部変数として学部を用いた。

　学部を示す矩形の外側に並ぶ語は著明な差が見られた語群である。
　「教育系学部」では，「面白い」，「友達」，「ゲーム」，「買い物」，「食べる」といった語が頻出していた。

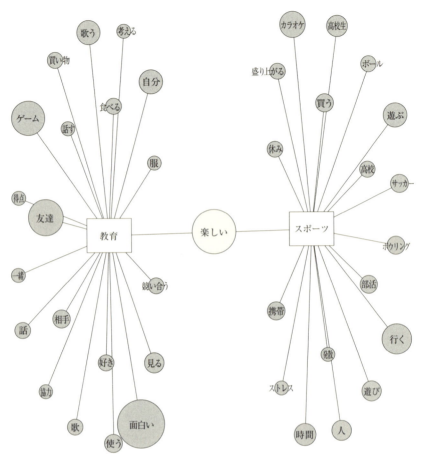

図7-6 学部別における高校生時代の遊びに関する共起ネットワーク分析

　一方,「スポーツ系学部」では,「カラオケ」,「サッカー」,「ボウリング」,「部活」,「ストレス」,「発散」といった語が頻出していた。

　高校生時代の遊びに関しては,ゲーム,ショッピング,映画,ご飯,カラオケ,ボウリングなどで遊んでいたことが明らかになった。特にゲームに関する記述の出現数は,139回(表7-2)であり相対的に高かった。

ショッピング，映画，ご飯，カラオケ，ボウリングは，何れも金銭が伴う。まさに小学校時代のいわゆる「子どもの遊び」ではなく，「大人の遊び」である。

この点に関して，岩本（2005）[2]は，「子どもの遊び」と「大人の遊び」とを分ける要因について考察している。例えば，「金銭を対価としたものであり，またそのことが遊び手にも自覚されていることは，大人の遊びの範疇に入れられる」と述べている。

男女別では，男性は，「ゲーム」，「カラオケ」，「ボウリング」，「サッカー」といった語が頻出していた。特に，「ボウリング」や「サッカー」など，体を動かす遊びが特徴である。

一方，「女性」では，「歌う」，「買い物」，「服」，「映画」，「食べる」，「ご飯」といった語が頻出していた。

チクセントミハイ（1979）[3]は自己目的的活動を分析した結果，5つの楽しさ因子を抽出した。すなわち，①友情とくつろぎ，②危険と運，③問題解決，④競争，⑤創造である。このように「友情とくつろぎ」は楽しさ因子であることがわかる。北田（2002）[4]によると，「食べに行く」は友情とくつろぎに分類している。また，「服」や「買い物」などのショッピングが遊びとして成立する環境となっていると指摘している。

学部別では，「教育系学部」は，「面白い」，「友達」，「ゲーム」，「買い物」，「歌う」といった語が頻出していた。

一方，「スポーツ系学部」は，「カラオケ」，「サッカー」，「ボウリング」，「部活」，「ストレス」，「発散」，といった語が頻出していた。

現代では，デジタルメディア時代であるので，カラオケも現代特有の遊びであると考えられる。特に，スポーツ系学部では，多くの学生が高校時代，部活を行っていたと考えられる。部活の練習に伴うストレスの発散をするためにカラオケやボウリングに行っていた可能性がある。このように，遊びはストレスや不安などの補償として機能する面もあると考えられる。

7.5. 文献

[1] 樋口耕一,『社会調査のための計量テキスト分析―内容分析の継承と発展を目指して―』, ナカニシヤ出版, 2014.
[2] 岩本一善,「「子どもの遊び」と「大人の遊び」―本学学生による遊びの個人史をもとに―」『山手日文論攷』, 第25号, pp.47-64, 2005.
[3] チクセントミハイ, 今村浩明（訳）,『楽しみの社会学』, pp.53-54, 思索社, 1979.
[4] 北田明子,「現代の遊びについての一考察―女子学生の事例から―」『大阪樟蔭女子大学論集』, 第39号, pp.129-142, 2002.

第 8 章 テレビゲームに関する意識の差異

8.1. 目的

中学生時代および高校生時代の遊びの実態に関しては，ゲームで遊ぶという回答も多いことが第 7 章で明らかになった。また，男女間および学部間で違いがあることを明らかにした。したがって，テレビゲームに関する意識に関しても男女間および学部間での違いがあると考えられる。

本研究では，男女間および学部間でのテレビゲームに関する意識の差異を計量テキスト分析から明らかにすることを目的とする。

なお，学術用語として「ビデオゲーム」という単語は定着しているが，日本において一般的には「テレビゲーム」が使用されることが多いので，調査では「テレビゲーム」という単語を用いた。

8.2. 調査対象および方法

対象者は，教職を志望している教育系学部の大学生100名（男性66名，女性34名）およびスポーツ系学部の大学生119名（男性88名，女性31名）を分析対象とした。

調査対象者に対して，「あなたにとって，テレビゲームとは何ですか」という教示文を提示し，自由記述による回答（150字程度）を求めた。

今回は，テキスト型データを統計的に分析するために制作されたソフトウェアである「KH Coder」[1]を用いて，頻度分析および共起ネットワーク分析を行う。

8.3. テレビゲームに関する意識の差異

8.3.1. テレビゲームに関する意識の頻出語

表8-1は，テレビゲームに関する意識について，出現回数の多い単語から順に出現回数30までの単語をリストアップしたものである。「テレビゲーム」が459回で一番多く，次いで「思う」が203回，「ゲーム」が194回，「考える」が135回，「遊び」が118回，「遊ぶ」が105回，「時間」が96回，「友達」が87回，「外」が73回となっている。

8.3.2. テレビゲームに関する意識の共起ネットワーク分析

図8-1は，テレビゲームに関する意識の共起ネットワーク分析の結果を示したものである。KH Coderの設定は，次の通りである。集計単位は段落，最小出現数は15，Jaccard係数は0.18以上，共起関係の検出方法はサブグラフ検出を用いた。なお，数字は，Jaccard係数である。実線で結ばれた語のグループは8つであった。

表 8-1 テレビゲームに関する意識の頻出語

抽出語	出現回数	抽出語	出現回数
テレビゲーム	459	楽しい	56
思う	203	良い	52
ゲーム	194	家	50
考える	135	行う	49
遊び	118	低下	43
遊ぶ	105	子供	42
時間	96	楽しむ	41
友達	87	必要	40
外	73	楽しめる	34
自分	59	今	31
人	58	世界	30
悪い	56		

第8章 テレビゲームに関する意識の差異　97

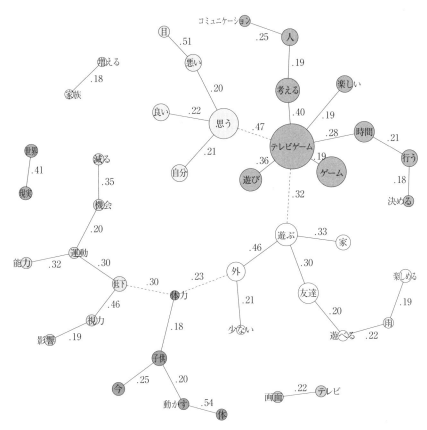

図8-1　テレビゲームに関する意識の共起ネットワーク分析

①「テレビゲーム」,「ゲーム」,「遊び」,「考える」,「時間」,「行う」,「決める」,「楽しい」,「人」,「コミュニケーション」という10語のネットワークで構成されている。『テレビゲームは楽しいか,時間を決めて行う』と解釈できる。具体的な回答としては,「テレビゲームをやる際はしっかりと時間を決めて行うことを勧める」などがあった。

②「遊ぶ」,「友達」,「外」,「家」,「少ない」,「遊べる」,「楽しめる」,

「雨」という8語のネットワークで構成されている。特に「外」と「遊ぶ」ではJaccard係数は0.46であった。「友達と外や家で遊ぶ」と解釈できる。「子どもには外で元気に遊んでほしい」，「雨の日などで外に遊びに行けない日は家でテレビゲームをする」などがあった。

③「低下」，「視力」，「影響」，「運動」，「能力」，「機会」，「減る」という7語のネットワークで構成されている。特に「視力」と「低下」ではJaccard係数は0.46であった。「視力・運動能力低下」と解釈できる。「テレビゲームをやりすぎると，運動能力の低下や視力の低下など，子どもにとって影響がある」などがあった。

④「思う」，「目」，「悪い」，「良い」，「自分」という5語のネットワークで構成されている。「目に悪い」と解釈できる。「長時間していると疲れたり，目が悪くなったりする」などがあった。

⑤「子供」，「体力」，「体」，「動かす」，「今」という5語のネットワークで構成されている。「子供の体力」と解釈できる。「外遊びが減少していて体力の低下が問題になっている」などがあった。

⑥「家族」，「増える」という2語のネットワークで構成されている。「家族」と解釈できる。「家族間の会話も増える」などがあった。

⑦「現実」，「世界」という2語のネットワークで構成されている。「現実世界」と解釈できる。「テレビゲームとは，現実世界では不可能なことを可能にしてくれる道具だと考える」などがあった。

⑧「テレビ」，「画面」という2語のネットワークで構成されている。「テレビ画面」と解釈できる。「テレビゲームは，多くの人が一つの画面を見ながら楽しむことができる」などがあった。

8.3.3. 男女別

図8-2は，男女別におけるテレビゲームに関する意識の共起ネットワーク分析の結果を示したものである。KH Coderの設定は，次の通りである。集

計単位は段落，最小出現数は15，Jaccard係数は0.15以上，外部変数として男女を用いた．

男女を示す矩形の外側に並ぶ語は著明な差が見られた語群である．

「男性」では，「友達」，「遊ぶ」，「時間」，「楽しい」，「必要」，「良い」，「悪い」，「目」，「低下」，「外」といった語が頻出していた．

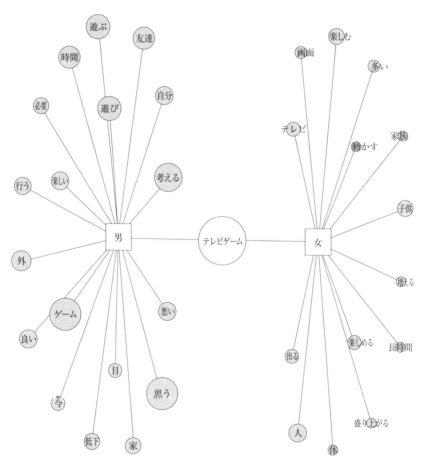

図8-2 男女別におけるテレビゲームに関する意識の共起ネットワーク分析

一方,「女性」では,「家族」,「盛り上がる」,「長時間」,「体」といった語が頻出していた。

8.3.4. 学部別

図 8-3 は,学部別におけるテレビゲームに関する意識の共起ネットワーク分析の結果を示したものである。KH Coder の設定は,次の通りである。集計単位は段落,最小出現数は15,Jaccard 係数は0.20以上,外部変数として学部を用いた。

学部を示す矩形の外側に並ぶ語は著明な差が見られた語群である。

「教育系学部」では,「ゲーム」,「遊び」,「考える」,「一緒」,「楽しむ」,「楽しい」,「自分」,「世界」,「勉強」,「長時間」,「見る」といった語が頻出していた。

一方,「スポーツ系学部」では,「友達」,「思う」,「外」,「遊ぶ」,「動かす」,「目」,「悪い」,「良い」,「運動」,「低下」,「必要」といった語が頻出していた。

テレビゲームに関する意識に関しては,テレビゲームは楽しい,雨の日などは友達と家で遊ぶことができると考えている。しかし,視力や運動能力の低下や体を動かすことの重要性を認識している。現実ではありえない世界を体験できるため,時間を決めて行うことの重要性も認識していることが明らかになった。

男女別では,男性の場合,テレビゲームは楽しいが,外で遊ぶ重要性も認識している。つまり,テレビゲームは良い面も悪い面もあると理解している。

一方,女性の場合,家族とプレイすると盛り上がるが,長時間プレイする際の影響面も認識している。

学部別では,「教育系学部」の場合,テレビゲームは一緒に楽しむことができるが,勉強に影響を与えるといった懸念がある。

一方,「スポーツ系学部」は,視力や運動能力の低下,外で遊ぶ重要性を

第8章 テレビゲームに関する意識の差異　101

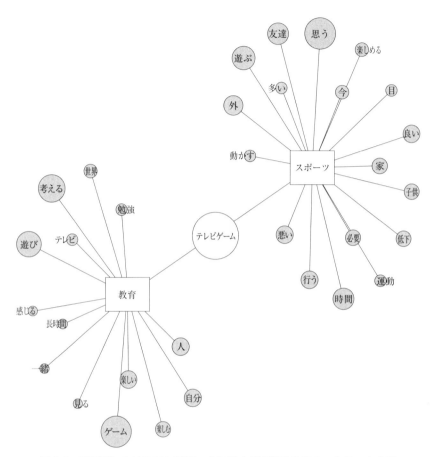

図 8-3　学部別におけるテレビゲームに関する意識の共起ネットワーク分析

認識している。

　北田（2005）[2] は，ハイテクの遊びが子どもを魅了し続けることに，もっと危機感を持つ必要があるのではないかと指摘している。

　一方，森・湯地（1998）[3] は，子どもの遊びの中心であるテレビゲームについて研究を行ってきた。その結果，テレビゲームで遊ぶ子どもは，一般にいわれているほど外遊びや学習面に特に問題があるわけではなく，むしろ，

いろいろなことに興味を抱く好奇心の旺盛なタイプの子で，コンピュータ・リテラシーとも深い関係があると指摘した。

8.4. 文献

［１］ 樋口耕一，『社会調査のための計量テキスト分析－内容分析の継承と発展を目指して－』，ナカニシヤ出版，2014.
［２］ 北田明子，「現代日本の遊び事情についての一考察」『体育・スポーツ哲学研究』，Vol.27, No.2, pp.31-42, 2005.
［３］ 森楙，湯地宏樹，「高校生における遊びとメディアとスポーツ」『日本教育社会学会大会発表要旨集録』，No.50, pp.91-94, 1998.

第9章 遊びの要素を取り入れた授業

9.1. 遊びの要素を取り入れた授業

　学習意欲の向上のために遊戯性を取り入れた授業が実施されている。また，学習内容の定着のために，遊びの要素を取り入れた教材も開発されている。近年では，ゲームが持っている要素（興味を持たせる，人を引きつけるなど）を，ゲーム以外の領域に活用するゲーミフィケーションを授業に導入されている。さらに，デジタルゲームも積極的に用いられてきている。

　ゲーミフィケーションとは，「外発的動機づけとの境界線的な要素（報酬）を求めるうちに，内発的動機づけを駆動させるようなメカニズム」と言われている[1]。このように遊戯性やゲーム性を導入した教育方法学に関する研究が注目されている。

　一方，伊藤（2017）[2] によると，ゲーミフィケーションの課題は，「本当に優れたゲーム」をどのように構築するかであり，どのような動機づけのデザイン（アフォーダンス）が有効なのかが研究途上であると述べている。また，教育に応用される際も同様の課題があると指摘している。

　そこで，本研究では遊戯性を取り入れた授業の現状を把握し，遊戯性を授業に導入することの意味や有効性を教育方法学的観点から検討する。

　ところで，教師は，学習意欲を高める教材の開発や教育方法に関しては，大いに関心を持っている。例えば，学習意欲を高めるために，授業の導入に簡単な遊びを取り入れた教育方法や，学習内容を定着するために，遊びの要素を取り入れた身近な教材・教具も利活用されてきている。このように，遊びの要素を取り入れた授業に関する研究が実施されている。

9.2. 授業に遊戯性を導入した事例

学習意欲を高めるために，授業の導入に簡単な遊びを取り入れた教育方法や，学習内容を定着するために，ゲーム性を取り入れた教材・教具も開発されてきている。

菅岡 (1986)[3] は，遊戯性を導入した授業では，子どもは，学習内容を現実的な意味をもったものとして理解しながら，楽しんで主体的な学習を行うことができると指摘している。

島村 (2017)[4] は，高校1年生を対象に，「漢字クイズ」(空欄の中に同じ漢字を入れ言葉を作る) など，遊びを取り入れた授業を試みている。教師は，一方的に授業を進めるのではなく，子ども達の能動的に授業に参加するための教育方法を開発することが重要となる。

筆者は，身近な物を取り入れ遊びの要素を用いた，次のような物理教育に関する教材・教具を開発し，授業を行ったので紹介する。

(1) モンテカルロ法を用いた分子衝突に関する実験[5]

気体は多数の分子からなり，互いに衝突し合いながら高速度で運動している。しかし，分子の質量，大きさ，形，数などは直接，見ることも測ることも，数えることもできない。このような分子衝突を物理の授業で扱う場合，分子運動モデルによって，視覚的にとらえさせ，しかも衝突回数から気体分子の大きさを推定できれば，生徒に分子の運動を十分に理解させることができる。

本教材・教具では，ガラス球 (遊びで用いられるビー玉) を分子に見立て，気体分子の衝突を目に見える方法におきかえた。衝突確率からモンテカルロ法によって，ガラス球の直径を求めた。このとき得られるガラス球の直径が最も真の値に近づくための実験条件を明らかにし，この実験教具を用いて授業を行った。

(2) 小型円形磁石を用いた気体分子の速度分布に関するモデル実験[6]

本教材・教具では，気体分子の速度分布に関する実験を行った。身近な小型円形磁石（磁気治療器である小さな円形磁石）とフィルムケース，及びチョークコイルを用いて手軽にできる実験装置を製作した。このチョークコイルに交流を流すと，フィルムケースの穴から磁石が次から次へと飛び出す。飛行距離による磁石の数の分布を調べ，それをもとに速度分布を求める。実験条件を変化させることにより，速度分布がどのように変わるかを調べた。その結果，Maxwell 分布になることがわかった。この装置を用いて授業を行い，気体分子の速度分布が温度などの諸条件によって変化することを示し，気体分子運動を理解させることができた。

9.3. 遊びとゲームの違い

最近，ゲームを活用した授業も行われている。例えば，古川・北本(2016)[7] は，数学を楽しく学習することを目的に Mathematica という数学の演算ソフトを用いてゲームソフトを開発した。

このように，学習意欲を高めるためにゲームを導入した事例も発表されている。ところで，遊びとゲームは同じ意味合いで使われることが多い。そこで，遊びとゲームの違いについて検討する。

ユール (2016)[8] は，「遊び (play) とゲーム (game) は，密接な関係を持つものであると同時に，互いに異なるものでもある。遊びは，たいていの場合，縛りのない自由な活動を指す。それに対してゲームはルールにもとづいた活動を指す」と指摘している。

また，Juul (2003)[9] は，「ゲームとはルールに基づいたフォーマルなシステムであり，可変かつ定量化できる結果を伴うものであり，そこでは異なる結果が異なる価値になり，プレイヤーは，努力して結果を変え，結果とつながっているように感じ，活動の結果は選択可能であり，交渉次第である」としている。

ゲームの面白さに関して，Koster（2004）[10]は，脳のパターンが認識する作業のうち，「楽しい学習経験」を誘うものが，ゲームとして認識されるものだと主張する。このようなパターンを「チャンク」と呼ぶ。そして，パターンを覚え込む作業である「チャンク化」の快楽こそが，ゲームの面白さをもたらすものであると考えている。

Salen and Zimmerman（2004）[11]は，「ゲームとは，プレイヤーがルールで決められた人工的な対立に参加するシステムであり，そこから定量化できる結果が生じる」と述べている。

9.4. ゲーム要素を取り入れた授業デザイン

ゲーミフィケーションとは，ゲームが持っている要素（興味を持たせる，人を引きつけるなど）を，ゲーム以外の領域に活用することを意味している[1]。ところで，エデュテイメントやゲーミフィケーションが注目されたのは，いつ頃なのか。

この点に関して小林（2013）[12]は，「1980年以前は，エデュテイメント（エンターテインメントの発想を取り入れて，教育の楽しさを高めようという考え方）が注目され，2000年には，シリアスゲーム（現実の世界で起こりうるシリアスな問題を，シミュレーションを通じて楽しみながら解決していくゲーム）が注目された。一方，ゲーミフィケーションが注目されてきたのは，2010年以降である」と指摘している。

シリアスゲームとゲーミフィケーションとの相違点について松本（2014）[13]は，「シリアスゲームは現実的な問題の解決手段として「ゲーム」を使うのに対して，ゲーミフィケーションは「ゲーム」の要素を用いるという点で大きく異なる」と述べている。

物理に関して今村ら（2016）[14]は，物理へのイメージ改善と活用力を身に付けることを目的とした「物理基礎」脱出ゲームアプリを開発している。

古屋・三井（2016）[15]は，ゲーム要素を取り入れた授業を実施するための

小学校教師向けのハンドブックの開発を目指して研究を進めている。

一方，ゲーミフィケーションを導入した授業も試みられている。例えば，岸本・三上（2013）[16] は，大学生の授業への集中力持続および学習意欲の向上にゲーミフィケーションが有効であるかを検証するため，ゲーミフィケーション要素を採り入れた複数のスタイルの授業形態をデザインし実施した。その結果，9割を超える受講生より「授業に集中できた」，「学習意欲が高まった」との回答を得たのである。

小池・藤川・有田（2016）[17] は，ゲーミフィケーションの考え方を取り入れて，協働学習の形で小学生がプレゼンテーションについて実践的に学べるようなデジタル教材を開発した。

このように，ゲーミフィケーション要素を取り入れた授業形態も有効であると考えられる。

9.5. デジタルゲームを利用した学習活動の課題

次に，ゲームを利用した学習活動を行うための課題について考察する。小孫（2016）[18] は，大学生を対象に調査を行った結果，教育用ゲームを導入することで，遊び感覚になり，書くことが疎かになるのではないかという不安や，目に悪いという懸念をもっていることを明らかにした。

また，藤本（2015）[19] は，デジタルゲームを教育に利用する長所と短所について次のように指摘している。

(1) 意欲面
　意欲面の長所としては，「学習活動への意欲を高めやすい」，「上達の努力を続けやすい」を挙げている。短所としては，「従来型の学習への興味が下がりやすい」，「娯楽ゲームと比較して評価されやすい」。
(2) 効果面
　効果面の長所としては，「複雑な概念の理解を促しやすい」，「振り返

り学習を促しやすい」,「フィードバックを通した学習改善を起こしやすい」を挙げている.短所としては,「ゲームで勝つことを優先して学習が疎かにされやすい」.

(3) 効率面

効率面の長所としては,「重要な学習項目を強調した学習体験を提供できる」.短所としては,「教師による統制が困難になりやすい」,「必要以上に学習時間がかかりやすい」.

(4) 環境面

環境面の長所としては,「試行や失敗から学ぶ環境をつくりやすい」,「安全な環境での学習体験を提供できる」,「現実の自己と切り離して活動できる」.短所としては,「利用可能な設備面の制約を受けやすい」.

このように,学習者が夢中になって取り組むことができる学習活動にするためには,ゲームのインタラクティブ性を生かした教材を提供するなど,ゲームデザインの手法が有効であると考えられる.

一方,藤本(2011)[20]は,「他の学習方法と同じく,ゲームも万人向けの解決策にはなり得ない.誰もがゲームによる学習に向いているとは限らないため,既に学習意欲が高い状態の学習者には必ずしもゲームがそれ以上に意欲を高めないこともある.状況によっては逆に学習の阻害となる場合もあるので,学習者ニーズの多様性を考慮する必要がある」と指摘している.

今後は,遊戯性やゲーム性を導入した新しい教育方法学や学習環境デザインを実際の授業に導入し,その有効性について更に検討する必要がある.

9.6. 子どもの自主性とゲームの関係

朝日学生新聞社(2017)[21]は,小学生の家庭におけるゲーム遊びの実態について調査を行い,小学1年生〜6年生の男女457人から有効回答を得た.

その結果，小学生の85.1%がゲーム好きで，ゲーム機を持つ子ども（370人）の91.9%がゲームに関する家庭内ルールがあると報告されている。主なルールは，「宿題や勉強を済ませてから遊ぶ」，「ゲームをしていい時間が決まっている」，「夜遅くにゲームをしてはいけない」などである。

また，ゲームが勉強に役立つと答えた子ども（217人）に役立った内容を聞くと，「いろんな知識が身についた」（56.7%）が最も多く，「漢字を覚えた」（30.9%），「集中力が上がった」（18.4%）と報告されている。

この点に関して，小学校の校長は，「ゲームもプログラミングと同じで，楽しく学ぶツールとして活用できる。また，ゲームもプログラミングも創造性を豊かにするもので，子どもたちにとっての学びのツールになるのではないか」と述べている[22]。

9.7. 補助具としてのビデオゲーム機器

ゲーム機器に，弱い力でも操作できるスイッチや軽いコントローラを取り付けることで，ゲームをプレイすることが可能となる。諦めていたゲームが，自分自身でコントロールすることができるので意欲につながる。コントローラを振って操作することは，運動量としてはわずかであるが，筋ジストロフィーの児童生徒たちにとっては十分な運動量になる場合がある。このようにビデオゲームは単なる遊びの機器ではなく，補助具として捉えるなど，柔軟な発想で授業にも取り入れていくと良いと指摘されている[23]。

9.8. 文献

[1] 井上明人，『ゲーミフィケーション〈ゲーム〉がビジネスを変える』，NHK出版，2012.

[2] 伊藤雅一，「教育原理とゲームの関係：言語ゲームとゲーミフィケーションの観点から」，藤川大祐（編），『千葉大学大学院人文社会科学研究科研究プロジェクト報告書』，第319集，pp. 25-30, 2017.

[3] 菅岡強司，「授業に遊戯性を導入することの意味：算数・数学教育の場合を中

心に」『日本教育方法学会紀要』，第11巻，pp. 87-95，1986.
[４] 島村潤一郎，「こくごであそぼ：「遊び」をとりいれた授業の試み」『高校教育研究』，68号，pp. 25-37，2017.
[５] 小孫康平，「モンテカルロ法を用いた分子衝突に関する実験」『物理教育』，Vol. 31，No. 2，pp. 66-68，1983.
[６] 小孫康平，「小型円形磁石を用いた気体分子の速度分布に関するモデル実験」『物理教育』，Vol. 32，No. 4，pp. 256-258，1984.
[７] 古川新，北本卓也，「ゲームを活用した数学教材について」『山口大学教育学部附属教育実践総合センター研究紀要』，第41号，pp. 189-195，2016.
[８] イェスパー・ユール，松永伸司（翻訳），『ハーフリアル―虚実のあいだのビデオゲーム―』，ニューゲームズオーダー，2016.
[９] Juul, J., The Game, the Player, the World: Looking for a Heart of Gameness. In *Level Up: Digital Games Research Conference Proceedings*, edited by Marinka Copier and Joost Raessens, 30-45. Utrecht: Utrecht University, 2003. http://www.jesperjuul.net/text/gameplayerworld_jp/ （2018. 4.22取得）
[10] Koster, R., *A Theory of Fun for Game Design*, Paraglyph Pr., 2004.（酒井皇治（訳）『「おもしろい」のゲームデザイン―楽しいゲームを作る理論―』，オライリー・ジャパン，2005.）
[11] Salen, K., and Zimmerman, E., *Rules of play: Game design fundations*. London. The MIT Press, 2004. 山本貴光（訳），『ルールズ・オブ・プレイ　ゲームデザインの基礎　上』，pp. 139-169，ソフトバンククリエイティブ，2011.
[12] 小林勝平，「ゲームからゲーミフィケーションへ―新しいリアリティの構築―」『同志社社会学研究』，No. 17，pp. 31-49，2013.
[13] 松本多恵，「ゲーミフィケーションとシリアスゲームの相違点について」『情報の科学と技術』，Vol. 64，No. 11，pp. 481-484，2014.
[14] 今村孝恵，西森年寿，前迫孝憲，大西智持，「「物理基礎」学習のための脱出ゲームアプリの開発」『日本教育工学会第32回全国大会講演論文集』，pp. 451-452，2016.
[15] 古屋達朗，三井一希，「ゲーム要素を取り入れた授業のための小学校教師向けハンドブックの開発に向けて」『日本教育工学会第32回全国大会講演論文集』，pp. 793-794，2016.
[16] 岸本好弘，三上浩司，「ゲーミフィケーションを活用した大学教育の可能性について」『日本デジタルゲーム学会2012年次大会予稿集』，pp. 91-96，2013.

[17]　小池翔太，藤川大祐，有田泰記，「ゲーミフィケーションを取り入れた小学生対象プレゼンテーション入門協働学習教材の開発」，藤川大祐（編），『千葉大学大学院人文社会科学研究科研究プロジェクト報告書』，第306集，pp. 23-29，2016.

[18]　小孫康平，『ビデオゲームプレイヤーの心理学とゲーム・リテラシー教育』，風間書房，p. 102-111，2016.

[19]　藤本徹，「ゲーム学習の新たな展開」『放送メディア研究』，No. 12，pp. 233-252，2015.

[20]　藤本徹，「効果的なデジタルゲーム利用教育のための考え方」『コンピュータ&エデュケーション』，Vol. 31，pp. 10-15，2011.

[21]　朝日学生新聞社，「小学生の家庭におけるゲーム遊びの実態」，2017.
http://www.asagaku.com/osirase/press/img/20170712.pdf（2018.4.22取得）

[22]　朝日学生新聞社，「子どもの自主性とゲームの関係について」，2017.
http://www.asagaku.com/osirase/press/img/20170712.pdf（2018.4.22取得）

[23]　全国特別支援学校病弱教育校長会，「病気の子どもの理解のために―筋ジストロフィー―」，p. 12，2009.
https://www.nise.go.jp/portal/elearn/shiryou/byoujyaku/pdf/muscular_dystrophy.pdf（2018.4.22取得）

第10章　遊びとしてのビデオゲーム

10.1. 遊びとしてのビデオゲーム

　コンピュータをはじめとして，デジタルカメラ，ビデオゲーム機器と，デジタルメディアも多様化している。本章では，遊びとしてのビデオゲーム機器について検討する。

　ファミリーコンピュータ（以下，ファミコンと略す）は，1983年7月15日に発売され，1984年中に出荷台数は200万台を突破した[1]。

　1989年7月には，ファミコンは3800万世帯数の約37％にあたる1400万台が出荷された。上村（1990）[2]は，「ファミコンは遊びの世界を演出する人（いわばコンピュータエンターティナ）とその遊びを楽しむ人（プレイヤ）との橋渡しをする遊び道具である。コンピュータを使った全く新しいメディアが，遊びの世界を人々に提供してきたその過程で出現したことになる」と述べている。

　小山（1986）[3]は，「集団で行う外遊び（鬼ごっこやスポーツ）は，かなりの成長要素を含んでいるが，テレビ視聴，ファミコンなどは，それらの含まれる割合が低い貧しい遊びということになる」と述べている。したがって，同じ遊ぶとしたら成長要素を多量に含んだ遊びで占められることが望まれると指摘している。

　このように当時の多くの教師や親は，外遊びや直接経験が重要であると考えていたと思われる。大多和（1998）[4]は，「ファミコン等の室内遊びが空き地の減少や塾通い等の時間の管理によって大勢が集まることが不可能になる等，現代の社会状況に強固に規制され，支えられながら子どもたちに受け入れられていったとすれば，旧来の状況をよみがえらせることは，きわめて困

難なのではなかろうか。すなわち，外遊びの効用はもちろんあるにせよ，このような社会状況においては，ファミコン等の室内遊びが中心になることはやむを得ないことではなかろうか」と考察している。

上村・細井・中村（2013）[5]は，「減少する戸外遊び場，遊び集団の少人数化などの理由により，ビデオゲームは現代の子どもの置かれている状況に非常にマッチした遊び道具である」と指摘している。遊ぶことは重要であるが，社会の環境によって遊びの種類や遊びに対する感性も変化してくると考えられる。

1970年以降，受験競争の激化や都市化に伴って，子どもが遊ばなくなり，いわゆる「サンマ（三間）がいなくなった」と言われるようになった。なお，三間とは時間（時間），空間（遊び場），仲間（遊び集団）である[6]。

ファミコンを販売した2年後の1985年度の文部省の調査[7]によると，学習塾へは小学1年生で6.2％，2年生で10.1％，3年生で12.9％，4年生で15.4％，5年生で21.2％，6年生で29.6％，中学1年生で41.8％，2年生で44.5％，3年生で47.3％であり，高学年ほどその比率は高い。また，ならいごとに関しては，小学生全体で70.7％，中学生全体で27.4％であった。

こうした結果からみても，子どもたちは，実に多忙な生活を送っていたと考えられる。

空間に関して，斎藤（1986）[8]は，「子どもが外遊びをしなくなったから，ゲームウォッチが流行し，ファミコンがブームになったのだ，と考えるほうが自然である」と述べている。

テレビゲームをする子は，外遊びや運動をあまりしないのではないかと考えられがちである。安部（2003）[9]は，小学校5，6年生328名を対象に，子どもの外遊びへの態度とテレビゲームとの関係について調査を行った。その結果，テレビゲームをするから，外遊びをしなくなるという関係は成りたたないことが明らかになったと報告している。

斎藤（1998）[10]は，ファミコンをプレイする際，多くの子ども達が集まっ

てくるのは,「仲間との連帯を確認しつつ,コントローラーを操作しているに違いない」と述べている。確かに子どもたちはいつの時代も遊んで仲間との遊びの楽しさを求めている。

最近の子どもは遊ばなくなったと決めつけずに,子どもたちの遊びと時代背景との関係を検討することが重要である。

子どもたちは,ファミコンの影響で現実をテレビゲーム感覚で見るようになったいう意見があるが,吉見(1995)[11]は,「現代の子どもたちの自殺や犯罪がテレビゲーム的に見えるのは,現代社会のリアリティの成り立ちそのものがますます高度にプログラミングされ,管理されてきているからであって,ファミコンの影響で子どもたちが現実をテレビゲーム感覚で見るようになったというだけでは語れない。むしろ,現代社会総体のリアリティのありようが,ファミコンのようなメディアを子どもたちの感覚世界に根づきやすくしているのだと考えるべきであろう」と述べている。

また,ファミコン等のビデオゲームにバーチャルなものに接していると,現実との境界が曖昧になり,現実生活に影響を及ぼすと考えている教師や親が多いと思われる。

この点に関して,大多和(1998)[4]によると,「現代社会のそのものが,総体としてファミコン等を根付きやすくするようなリアリティの構成の仕方をしており,それだからこそファミコンが社会に受け入れられるという,教育者たちと逆の論理構成がとられている」と考察している。つまり,「ファミコンに没入するという現象自体が,むしろ社会が総体としていわばヴァーチャル・リアリティ化といった方向に向かっているからこそ,生じているということになるのである」と指摘している。

当時,ファミコンで遊んでいた子どもたちは,どのような種類のソフトに熱中していたのであろうか。

東京工芸大学芸術学部ゲーム学科(2010)[12]では,ファミコン世代(小学生から高校生の頃にファミコンで遊んだことのある者)がどのようにコンピュー

タゲームと関わっているかを探るため，35歳〜44歳の男女（1000名）を対象に意識調査を行った．

かつて遊んだゲームで久しぶりに遊んでみたいファミコンゲームを複数回答形式で聞いたところ，「スーパーマリオブラザーズ」が50.3％で最も多く，続いて「テトリス」が43.3％，「ドンキーコング」が36.6％であった．また，これまでにゲームをやっていて役に立ったことを問うた結果，「ゲームの話題で友人が増えた」が31.5％で最も多く，続いて「反射神経が鍛えられた」が27.4％，「集中して物事を行えるようになった」が17.7％，「歴史に詳しくなった」が15.0％であった．

10.2. ビデオゲームによる遊びの記録

従来の遊びは五感を駆使して行われてきたが，ファミコンなどのビデオゲームは視聴覚中心の遊びと考えられる[13]．

また，ビデオゲームはデジタルメディアであるので，どのボタンを何回押したかを記録することができる．すなわちプレイヤーがどのように遊んでいるかを測定することが可能となる．

なお，ビデオゲームの定義に関して，上村・尾鼻（2010）[14]は，「プレイヤーがビデオゲーム機の提示する映像を遊びのための映像（遊戯映像）と理解した上で，その内容に対する判断（遊戯判断）をコントローラの操作を通してビデオゲーム機に伝えると，新たな遊戯映像をビデオゲーム機が提示する．このような繰り返しを実現出来るシステムをビデオゲーム」と定義している．つまりビデオゲームは，「インタラクティビティ」と形容される相互干渉性を持つメディアである．

ビデオゲームのインタラクティビティに関して，北野（2009）[15]は，「コントローラを操作し，画面に映し出されたイメージになんらかのアクションを引き起こす．その反応がすぐさま，つまりリアルタイムで画面上に立ち現れる．そうして立ち現れたイメージを感知したならば，見る者は，すぐにコ

ントローラを操作しながらまた別のアクションを模索する」と述べている。すなわち，ビデオゲーム機が提示する映像などの情報を認識して，ボタン操作を通じてビデオゲーム機に伝えると，再び新たな情報が提示される。この反復こそがインタラクティビティによってもたらされると考えられる。

次に，子ども達はビデオゲームをどのように捉えていたのかに関しては，小学校高学年では「ビデオゲームは遊びに欠かせない」と答えた者が約半数にものぼり，特に男子ではビデオゲームはテレビに次いで「なくてはならない大切なメディア」と報告されている[16]。

10.3. なぜビデオゲームは面白いのか

ビデオゲームのようなデジタルツールには，楽しいと感じるために必要な「3S」が詰まっていると言われている。つまり，スピード，スリル，スキルである[17]。

では，どのような指標がゲームの面白さと関連があるのだろうか。長野ら（2009）[18]は，ビデオゲームの主観的な楽しさと自律神経系生理指標の関係について検討した結果，主観的な楽しさと対応が良いのは皮膚電導度であり，不安や恐怖の喚起が重要となるゲームでは，指皮膚血流量が有効な指標である可能性が示唆されたと報告している。

大塚・黒﨑・小川（2017）[19]は，デジタルゲームプレイによる生体に対する負荷を主として精神的負荷であると捉え，ゲームプレイ中の非侵襲生体計測による信号の解釈によってゲーム中のストレス反応を評価する研究を試みている。最終的にはゲームの「面白さ」の評価の追求を目標にして，VRゲーム用ヘッドセットに埋め込み可能な光電脈波計測装置の開発を進めている。

脈波のように不規則に変動する時系列データを，非線形的に解析するカオス理論に基づいた解析を行うことによって，高い精度で心理状態を推定できる可能性がある。カオス解析では，ターケンスの埋め込み定理を用いて脈波波形から時間遅れ座標にアトラクタを構成する。特に，アトラクタの軌道の

複雑さを表す指標がリアプノフ指数であり，どの程度カオス的かを示す重要な統計量である[20]。

小孫（2010）[21] は，脈波のリアプノフ指数相対値とビデオゲームのプレイで生じた心的過程との関連性を検討した。その結果，リアプノフ指数相対値が小さいとリラックスしている状態を示し，大きいと緊張した状態を示すと指摘している。また，小孫（2011）[22] は，リアプノフ指数相対値とコントローラのボタン操作行動との関連性について検討している。

安川（1992）[23] は，「スーパーマリオ」の大ヒットは，次のような3つの次元で成立している「自在感」にあるとしている。つまり，スーパーマリオでは，「(1) 目標とチャレンジ（コインを集めることでパワーアップするなど有利になるアイテムを取る，障害や罠からうまく抜けるなど，さまざまな目標やチャレンジが次々に現れる），(2) 反応の新規さと驚き（裏技や嘘をつかれる意外さがある），(3) ファンタジー（ゲームが進むにつれストーリーと世界の広がりが明らかになる）が，バランスよく示されている」。

このように，スーパーマリオは，プレイヤー自身のリズムに沿って，単純な操作でさまざまな結果が引き起こされることから，それ以前のゲームにはなかった高い「自在感」が生まれたと指摘している[24]。

小孫（2014）[25] は，スーパーマリオをプレイした経験がない者，あるいは，ほとんどプレイしたことがない者（未習熟者群）とスーパーマリオを何回もプレイした経験がある者（習熟者群）との間で，時間経過（40分間）に伴う脈波の平均リアプノフ指数にどんな違いがあるのかについて検討した。

なお，平均リアプノフ指数相対値とは，プレイ開始直後である第1区間（10分間）のリアプノフ指数の平均値を1としたとき，各区間のプレイ中におけるリアプノフ指数の平均値との比から求めたものである。

図10-1は，「ワープゾーン」を利用して，ワールド4およびワールド3にワープするが，すぐにゲームオーバーし，その後，ワールド1でプレイしていることが多いという未習熟者の一例を示したものである。

図10-2は,「ワープゾーン」を利用して, ワールド4でプレイし, その後, ワールド5でプレイし, 最後はワールド6に達した習熟者の一例を示したものである。他の被験者ではワールド6にたどり着いた者はいなかった。また, ゲーム進行のスピードは速かった。ゲームオーバーになったときは, Aボタンを押しながらスタートボタンを押し, ゲームオーバーとなったワールドの最初からやり直していた。この方略は, 他の被験者には見られなかった。

　未習熟者は, 時間経過とともに心理的負荷に伴う緊張状態が高くなったと考えられる。この理由として, 次のワールドに行けないなどの焦りや不安が生じるので心的負荷に伴う緊張状態が徐々に高くなったと思われる。

　一方, 習熟者は, リアプノフ指数相対値は時間経過とともに変化がほとん

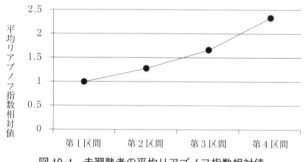
図 10-1　未習熟者の平均リアプノフ指数相対値

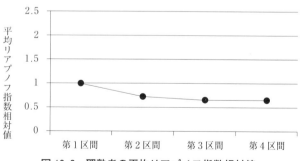
図 10-2　習熟者の平均リアプノフ指数相対値

ど認められなかった．この理由として，習熟者はスーパーマリオのプレイ経験が豊富なので各ボタン操作の機能を十分に理解しており，ゲームに慣れていると思われる．したがって，敵が襲ってきた場合はどうするのか，どの経路を通れば良いのか，などを知っており，緊張状態は低いと考えられる．

このように，ビデオゲームは面白い要素が多く取り入れられているので，多くの子どもはビデオゲーム機を所有している．木下・森・大西（2017）[26]は，小学校4～6年生の児童を対象に遊び体験尺度の信頼性，妥当性について検討を行った．その結果，児童の遊び認識においてビデオゲーム機遊びの重要度が高いことが示された．今後の遊び研究では従来の遊びに限定せず，ビデオゲーム機遊びも含んだ遊びを研究する必要があると指摘している．

10.4. 文献

[1] 小山友介，『日本デジタルゲーム産業史―ファミコン以前からスマホゲームまで―』，p.97，人文書院，2016．
[2] 上村雅之，「ファミコンメディアその技術背景について」『計測と制御』，Vol.29，No.6，pp.53-58，1990．
[3] 小山悦司，「コンピュータ社会の進展と子どもの行動特性」『岡山理科大学紀要．B．人文・社会科学』，Vol.22，pp.41-60，1986．
[4] 大多和直樹，「メディアと教育のパラドクス―メディアの教育への導入と悪影響批判の同時進行状況をめぐって―」『東京大学教育学研究科紀要』，第37巻，pp.101-111，1998．
[5] 上村雅之，細井浩一，中村彰憲，『ファミコンとその時代』，p.128，NTT出版，2013．
[6] 仙田満，「子どもの遊びと運動意欲を喚起する環境」『体力科学』，Vol.60，No.1，pp.4-5，2011．
[7] 文部科学省，「子どもの学校外での学習活動に関する実態調査報告」，p.10，2008．
http://www.mext.go.jp/b_menu/houdou/20/08/__icsFiles/afieldfile/2009/03/23/1196664.pdf（2018.4.22取得）
[8] 斎藤次郎，『ああファミコン―「是か非か」を超えて―』，岩波ブックレット

No. 61，pp. 26-28，岩波書店，1986．

[9] 安部陽子，「外遊びとテレビゲーム－「テレビゲーム悪影響論」の通俗性－」『日本体育学会第54回大会』，p. 235，2003．

[10] 斎藤次郎，『「子ども」の消滅』，雲母書房，1998．

[11] 吉見俊哉，「メディアの中の子ども文化」，佐伯胖，藤田英典，佐藤学（編），『共生する社会』，p. 22，東京大学出版会，1995．

[12] 東京工芸大学芸術学部ゲーム学科，「ファミコン世代のゲームに関する意識調査」，2010．
https://www.t-kougei.ac.jp/static/file/pr100825.pdf（2018.4.22取得）

[13] 上村雅之，尾鼻崇，「「遊び」としてのビデオゲーム研究－「ゲームプレイ」の可視化と保存－」『情報処理学会，人文科学とコンピュータシンポジウム論文集』，Vol. 2009，No. 16，pp. 101-106，2009．

[14] 上村雅之，尾鼻崇，「テレビゲームとはなにか－「ゲームプレイ」の記録と分析を通じて－」『CESAデベロッパーズカンファレンス2010』，2010．

[15] 北野圭介，『映像論序説』，p. 112，人文書院，2009．

[16] 多賀太，「電子メディアと子ども・若者」『子ども社会研究』，第2号，pp. 136-140，1996．

[17] 朝日新聞，『ゲーム機があるのが当たり前－後戻りできない時代の大人たちの葛藤－』，p. 7，朝日新聞社，2014．

[18] 長野祐一郎，中尾彩子，菅野智子，小林弘幸，舟木周平，「対戦型コンピュータゲームが皮膚電気活動，心拍数，皮膚血流に与える影響の検討」『生理心理学と精神生理学』，Vol. 27，No. 2，p. 120，2009．

[19] 大塚誠也，黒﨑奏澪，小川充洋，「前額部光電脈波計測によるデジタルゲームプレイ中の心拍変動計測の試み」『信学技報』，Vol. 117，No. 219，MBE2017-39，pp. 23-28，2017．

[20] 池口徹，山田泰司，小室元政，「カオス時系列解析の基礎理論」，合原一幸（編），『カオス時系列解析の基礎と応用』，pp. 121-189，産業図書，2000．

[21] 小孫康平，「ビデオゲームプレイヤーの操作行動が脈波のカオス解析による心理状態と主観的感情に及ぼす影響」『デジタルゲーム学研究』，Vol. 4，No. 2，pp. 1-12，2010．

[22] 小孫康平，「ビデオゲームプレイヤーの心理状態とコントローラのボタン操作行動の分析」『デジタルゲーム学研究』，Vol. 5，No. 2，pp. 1-12，2011．

[23] 安川一，「ビデオゲームはなぜ面白いのか」，アクロス編集室（編），『ポップ・

コミュニケーション全書』，pp. 147-177，PARCO 出版，1992.

[24] 吉野ヒロ子，「テレビゲームと人間の社会の関係に関する調査」，財団法人イメージ情報科学研究所，『ゲームソフトが人間に与える影響に関する調査報告書』，pp. 4-2〜4-7，2003.

[25] 小孫康平，「未習熟者群および習熟者群のビデオゲーム操作活動と時間経過との関連」『デジタルゲーム学研究』，Vol. 7，No. 1，pp. 13-21，2014.

[26] 木下雅博，森茂起，大西彩子，「遊び体験尺度の開発」『応用心理学研究』，Vol. 43，No. 1，pp. 1-10，2017.

第11章　ビデオゲームプレイ中のストレス

11.1.　ビデオゲームプレイ中の生体信号

　デジタルメディア時代において，ビデオゲームは今日，スマホによるゲームコンテンツにも及び，日常生活にとって当たり前の存在となっている。近年，3次元ビデオゲームが発売されるなど，3次元映像は社会に定着の兆しを見せ始めている。3次元ビデオゲームは，2次元ビデオゲームよりも臨場感が高まり，長時間プレイするためにストレスが生じ，心身に影響を与える極めて強力なインタフェースとなる。しかし，西村・岩田・村田（2010）[1]は，3次元ビデオゲームが人に与えるストレスの影響を客観的測定法で報告した研究は少ないと報告している。

　一方，学校教育や社会教育の分野で，シリアスゲームを通して，問題解決力の向上を図ることを目的としたゲームの開発も大いに期待されている。

　教育を目的としたゲームが開発されるようになってきたとはいえ，ビデオゲームに対する不安は，保護者や教師を中心に依然として根強いものがある。特に，立体映像を見るためのメガネを使用しない携帯型ビデオゲーム機が販売されるなど，「飛び出す」，「飛び込む」刺激を強調した映像を見続けることで，普段の生活では体験しにくい映像に反応しきれず，ストレスが増すのではないかと懸念を抱く保護者や教師は多いと考えられる。

　これは，3次元ビデオゲームをプレイした際のストレスを客観的で簡易に測定できる測定法を扱った体系的な研究，およびゲームに伴うストレスも含めたゲーム・リテラシー教育に関する教材が，世界的に見ても非常に少ないことも一因であると考えられる。

　ところで，ビデオゲームをプレイしている際の面白さや爽快感などの心理

状態に関する研究では，プレイ時に感じたことを口頭で報告させ分析を行うプロトコル分析や，質問紙を用いた調査といったプレイヤーの主観的評価が多い。しかし，主観的評価に依存する質問紙のような方法では，客観的な評価は困難であると考えられる。

客観的な評価によってプレイヤーの心理状態を明らかにすることができれば，新たなゲームを開発する際の貴重なデータとなる。その点，生体信号を用いることによって，プレイヤーに生じる心理状態の経時的変化を客観的に分析できる利点がある[2][3]。

生体信号には，脳波や脈波などがある。特に，人間の心理状態を評価するために，脳波のα波やβ波のパワースペクトル，α波，β波の脳波全体に対する割合，α波とβ波の比率であるβ/αが指標として用いられている[4]。

市川（2008）[5]によると，「α波は眼を閉じてくつろいでいる時に現れるのに対して，β波は眼を開けて何かに集中している時や，考えごとをしている時などに現れやすい」と述べている。

北川・岡崎・古賀（2005）[6]は，開眼状態における，たし算および音楽刺激の生理的反応に関して検討した結果，β波および心拍数では，たし算中は増加し，音楽刺激中は減少した。これらの結果から，精神負荷活動は，β波の出現率および心拍数の変化から評価できることが示唆されたと述べている。

植村・松下（2012）[7]は，脳波計を用いて，被験者2名のゲームプレイ前とプレイ中における脳波がどのように変化するかについて実験を行った。その結果，プレイ前と比較してプレイ中ではβ波が増加した。このβ波がゲームのプレイにより変化する脳波の指標になると報告している。

Chan, Mikami, Kondo（2012）[8]は，簡易脳波計を用いて脳波を計測し，興味度を計算したことによって興味度を客観的にする方法と共に，興味度のデータを時系列でなくゲームにおける進行度を基に比較する方法を提案した。その手法を使用して，既存のFPSゲームCall of Duty: Modern Warfare 2のシングルプレイヤーモードの最初の4つのステージに対して実験を行い，

多くの実験者が高ぶった箇所を抽出して分析することで，興味度を高ぶらせる6つのトリガーを提案した．

一方，瞬目を用いて被験者の心理状態について検討した研究がある．瞬目は注意，覚醒水準などの生理指標として評価されている．小孫（2014）[9]は，3D映像と瞬目について検討した．今後，学習内容により興味や関心を持たせるために，3D映像を伴うデジタル教科書等が学校教育に導入される可能性が高い．したがって，3D映像の疲労感の客観的評価技術の研究は非常に重要となる．生体情報の中でも瞬目は，重要な指標となると指摘している．

高岡（2014）[10]は，携帯型ゲーム機（3DS）のグラスレス3D映像視聴が人体に及ぼす影響やゲーム（マリオカート）上の効果について検討している．その結果，2Dよりも3Dでのゲームの方が臨場感は高かった．しかし，楽しさに関しては差がないと述べている．

このように，臨場感が高まれば，ストレスも強くなる可能性があるので，3Dビデオゲームのストレスに関する研究は社会的に意義があると考える．

11.2. ビデオゲームプレイ中のストレス評価

小孫（2016）[11]は，ビデオゲームの未習熟者群と習熟者群との間で，時間経過に伴う脳波（α波，β波，θ波）のパワー値に違いがあるか比較検討している．また，脳波（α波，β波，θ波）によるストレス評価の可能性について考察している[12]．

本研究では，携帯型ゲーム機（任天堂NEW3DS）で立体的に表示される3Dゲームである『Newスーパーマリオブラザーズ2』を用いた．なお，スーパーマリオは，爆発的にヒットした横スクロールアクションゲームであり，世界中に知られたゲームである．初心者でも取り組みやすいと考えられる．時間経過とともに，どのように脳波が変化するのかを測定し，プレイに伴うストレス評価について検討するのに適していると考え，本ソフトが用いられた．

脳波の測定は，小型無線式脳波計「Vital Brain WVB-01」を用いた。本脳波計は，ドライ電極により頭皮で脳の電気活動をキャッチして脳波（EEG）を計測し，解析できるシステムである[13]。

測定可能な脳波バンド波形は，次の通りである。

・シータ波 θ (3.5-6.75Hz)
・低アルファ波 $\alpha 1$ (7.5-9.25Hz)
・高アルファ波 $\alpha 2$ (10-11.75Hz)
・低ベータ波 $\beta 1$ (13-16.75Hz)
・高ベータ波 $\beta 2$ (18-29.75Hz)

なお，脳波の測定後は，各バンドのパワー値およびバンドの割合を求めることができる。

実験では，5分間の安静後，25分間のプレイを実施し，$\alpha 1$波，$\alpha 2$波，$\beta 1$波，$\beta 2$波，θ波のパワー値を測定した。なお，α波のパワー値は，$\alpha 1$波および$\alpha 2$波のパワー値の和で解析を行う。また，β波のパワー値は，$\beta 1$波および$\beta 2$波のパワー値の和で解析を行った。

一例として，「携帯型ゲーム機でスーパーマリオをプレイしたことがなく，マリオを上手にコントロールすることができなかったので，すぐにゲームオーバーになる。次のエリアに行くことができなかったのでイライラした」と回答した被験者（未習熟者）のゲームプレイの分析結果を図11-1に示す。

ゲームに伴うストレスがどのように変化するかを検討するために，平均β/α相対値を求めた。プレイ時間（25分間）を5分割（第1区間～第5区間）した。なお，脳波の平均β/α相対値とは，プレイ前の安静時のβ/αの平均値を1としたときのゲームプレイ中におけるβ/αの平均値との比から求めたものである。

次に，「スーパーマリオは何回もやっているが，やはり楽しい。ワールド

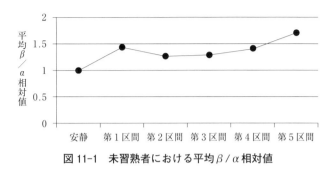

図 11-1　未習熟者における平均 β/α 相対値

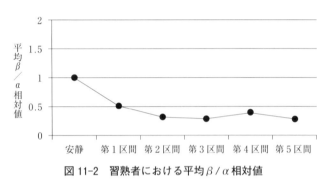

図 11-2　習熟者における平均 β/α 相対値

2もスムーズにいくことができた。敵がやって来ても冷静に判断できた。違うゲームもしたいと思った」と回答した被験者（習熟者）のゲームプレイの分析結果を図11-2に示す。

　未習熟者は携帯型ゲーム機でスーパーマリオをプレイしたことがないために次のワールドに行けないなどの焦りや不安が生じ，面白くなかったと考えられる。このような理由で，心的負荷に伴う緊張状態が徐々に高くなり，ストレスも増加すると思われる。したがって，平均 β/α 相対値は，安静時より増加することが認められ，ストレス状態が高くなるということが示唆された。

　一方，習熟者では，プレイ前の安静時より，プレイ中の平均 β/α 相対値

は低かった．この理由として，習熟者群はスーパーマリオのプレイ経験が豊富なので各ボタン操作の機能を理解しており，ゲームに慣れていると思われる．したがって，敵が襲ってきた場合はどうするのか，どのように攻撃すれば良いのか，などを知っており，快の状態で緊張状態は低いと考えられる．つまり，プレイ中の方がストレスは低いと考えられる．

上野ら (2008)[4] は，10名を対象に Excel 2003 と Excel 2007 を利用した際の脳波について検討した．その結果，α 波は Excel 2007 を利用した際に減少し，β 波と β/α 値については Excel 2007 を利用した際に増加した．これは，Excel 2003 を利用したタスクよりも Excel 2007 を利用したタスクの方が精神的負荷は高いためだと指摘している．

平井・吉田・宮地 (2013)[14] は，簡易脳波計を用いて，3名の学生の学習行為中の思考や記憶に関する実験を行った．その結果，β/α 値はストレスや思考する集中度合いを測る指標として利用できると報告している．

本研究においても，脳波と主観的評価との関係を検討した結果，脳波の平均 β/α 相対値は，ゲームプレイヤーのストレス評価の指標となることが示唆された．

本研究で得られた知見は，なぜゲームに集中するのか，などのゲーム・リテラシー教育（第12章参照）の教材に利用できる．

11.3. 文献

［1］ 西村雄宏，岩田豊人，村田勝敬，「3D ゲーム使用の視覚系神経機能に及ぼす影響」『秋田医学』，Vol. 37, No. 2, pp. 85-91, 2010.

［2］ 小孫康平，『ビデオゲームに関する心理学的研究―ゲームプレイヤーの心理状態とボタン操作行動を中心に―』，風間書房，2012.

［3］ 小孫康平，『ビデオゲームプレイヤーの心理学とゲーム・リテラシー教育』，風間書房，2016.

［4］ 上野秀剛，石田響子，松田侑子，福嶋祥太，中道上，大平雅雄，松本健一，岡田保紀，「脳波を利用したソフトウェアユーザビリティの評価―異なるバージ

ョン間における周波数成分の比較－」『ヒューマンインタフェース学会論文誌』，Vol. 10，No. 2，pp. 233-242，2008．

［5］ 市川忠彦，『新版 脳波の旅への誘い 第2版－楽しく学べるわかりやすい脳波入門－』，p. 28，星和書店，2008．

［6］ 北川かほる，岡崎美智子，古賀美紀，「開眼状態におけるたし算・音楽刺激が及ぼす生理的反応」『日本看護研究学会雑誌』，Vol. 28，No. 1，pp. 115-120，2005．

［7］ 植村恭平，松下宗一郎，「ゲームプレイの客観評価に関する検討－脳波とコントローラ操作量の相関について－」『情報処理学会第74回全国大会講演論文集』，2012（1），pp. 499-500，2012．

［8］ Kenneth Chan, Koji Mikami, Kunio Kondo,「From Brain Waves to Game Design: A Study on Analyzing and Manipulating Player Interest Levels」『芸術科学論文誌』，Vol. 11，No. 3，pp. 59-68，2012．

［9］ 小孫康平，『瞬目の心理学と教育への応用－瞬目を用いた学習評価－』，pp. 114-115，風間書房，2014．

［10］ 髙岡昌子，「携帯型ゲーム機のグラスレス3D映像視聴による影響」『奈良文化女子短期大学紀要』，45号，pp. 63-70，2014．

［11］ 小孫康平，「3Dビデオゲームにおける脳波を用いたストレス評価に関する研究」『日本デジタルゲーム学会2016年夏季研究発表大会予稿集』，pp. 55-58，2016．

［12］ 小孫康平，「3次元ビデオゲームのストレス評価とゲーム・リテラシー教育の教材開発」『皇學館大学教育学部研究報告集』，第9号，pp. 47-57，2017．

［13］ TAOS研究所，「小型無線式脳波計操作マニュアル」，2015．

［14］ 平井章康，吉田幸二，宮地功，「簡易脳波計による学習時の思考と記憶の比較分析」『マルチメディア，分散協調とモバイルシンポジウム2013論文集』，pp. 1441-1446，2013．

第12章　ゲーム・リテラシー教育の教材

12.1. ゲーム・リテラシーとは

　佐藤（2014）[1]は，子どもにデジタルメディアを使わせることに対する保護者の抵抗感は，テレビ番組やビデオ・DVDは比較的小さく，ゲーム機は大きい傾向があると述べている。また，デジタルメディアに対して保護者が気がかりに考える点は，「長時間の視聴や使用」，「視力の低下」，「夢中になり過ぎる」であったと報告している。

　2003年には，自治体ぐるみでノーテレビ・ノーゲームデーに取り組むところもでてきた[2]。

　現在でも，一部の教育委員会では日曜日を「ノーゲームデー」とし，大人も子どもも，ゲーム（コンピュータゲーム，携帯式のゲーム，携帯電話やスマートフォンを使ったゲームを含む）をしない日を設定し，実践を呼びかけている[3]。これは，ビデオゲームの使用が発達や健康に悪影響を及ぼす可能性について懸念がもたれていると考えられる。このように，ビデオゲームに対する不安や懸念は，保護者や教師を中心に根強いものがある。しかし，それらの不安や懸念は，子どもへのリテラシー教育によって緩和・解消することができると考えられる。したがって今後は，ただ単に「ビデオゲームをするな」ではなく，ビデオゲームの特性を知り，上手に付き合う方法を指導していく「リテラシー教育」が必要である。ところで，馬場（2008）[4]は「メディアリテラシーの中でも，メディアとしてのゲームの特質を知り尽くしてゲームと上手に付き合っていく力を，特にゲーム・リテラシー」と呼んでいる。

　馬場・遠藤（2013）[5]は，「ゲーム・リテラシーとはゲームの本質を批判的に理解して，ゲームを使いこなし，ゲームを開発する基本的能力であり，ゲ

ームを制作する人やゲームをする人はもちろん，ゲームをしない人も含めて全ての人に必要である」と指摘している．ゲーム・リテラシーを身につけるためには，なぜビデオゲームに興味を持つのかなど，ゲームプレイヤーの心理的側面も知らなければならない．しかし，ゲーム・リテラシーに関するゲームプレイヤーの心理的側面の研究は十分になされているとは言い難い[6]．そうした中でも，少なくともゲーム依存については，ゲーム・リテラシーを身に着けることで防げる可能性が先行研究により示唆されている[7]．これらゲーム・リテラシーそのものの研究も重要であるが，ゲーム・リテラシーを広めていくためのゲーム・リテラシー教育については，これらとは別に研究を進める必要がある．

12.2. ゲーム・リテラシー教育の意義

ゲーム・リテラシーの研究が進むにつれ，その理解を正確に伝えるためのゲーム・リテラシー教育の役割はより重要となる．子どものためのゲーム・リテラシー教育を指導する主な役割を担う一人は教師であるので，将来，教師を目指している大学生は，ゲーム・リテラシー教育の意義や指導方法をどのように考えているのかを明らかにすることは，今後，教職を目指している大学生に対してゲーム・リテラシー教育を行う際の有力な材料になると考えられるので重要である．つまり，ゲーム・リテラシー教育を受けていない大学生が持っているビデオゲームに対する知識は，「ゲームを続けるとゲーム脳になる」など，世間一般で言われているようなステレオタイプを反映している可能性がある．それゆえに子どものビデオゲームの指導に対して，どのような教材内容や教材作成に必要な資料を望んでいるのかを明らかにすることは重要である．しかし，教職を目指している大学生がビデオゲームの使用に関して，どのような教材で子ども達を指導しようとしているのかの意識に関する研究は，ほとんど行われていない．従来の調査では，予め準備した選択肢を選ばせるという方法をとられることが多いが，この方法では，ゲー

ム・リテラシー教育に関する教材をどのように考えているのかについて，自由に表現できないので全てを明らかにすることができない[8]。

小孫（2017）[9] は，教職志望大学生を対象に，子どものためのゲーム・リテラシー教育の教材内容および教材作成に必要な資料に関する意識を計量テキスト分析から明らかにした。

12.3. ゲーム・リテラシー教育の教材内容

12.3.1. 分析対象および方法

教職を志望し，教育方法学（3年生対象科目）を履修している大学生249名（男性140名，女性109名）を対象に計量テキスト分析とした。

今回は，テキスト型データを統計的に分析するために制作されたソフトウェアである「KH Coder」[10] を用いて，頻度分析および共起ネットワーク分析を行う。

12.3.2. ゲーム・リテラシー教育の教材

「テレビゲームとのつきあい方を考えるゲーム・リテラシー教育を，指導することになりました。あなたは，どのような教材を準備しますか。また，その理由も述べて下さい。小学校の高学年の担任になったつもりで考えて下さい」という教示文を提示し，自由記述による回答（150字程度）を求めた。

文章の単純集計を行った結果，784の文が確認された。表12-1は，ゲーム・リテラシー教育の教材に関して，出現回数の多い単語から順に出現回数30までの単語をリストアップしたものである。「ゲーム」が592回で一番多く，次いで「テレビゲーム」が269回，「教材」が244回，「準備」が193回，「理由」が173回，「依存」が161回となっている。

図12-1は，ゲーム・リテラシー教育の教材に関する共起ネットワーク分析の結果を示したものである。KH Coder の設定は，次の通りである。集計単位は文，最小出現数は15，Jaccard 係数は0.14以上，共起関係の検出方法

表12-1　ゲーム・リテラシー教育の教材に関しての頻出語

抽出語	出現回数	抽出語	出現回数
ゲーム	592	自分	45
テレビゲーム	269	多い	45
教材	244	教育	43
準備	193	脳	41
理由	173	与える	41
依存	161	良い	39
考える	137	教える	38
時間	115	低下	38
思う	107	コミュニケーション	37
影響	101	指導	36
子ども	76	伝える	35
人	54	授業	34
生活	53	悪影響	33
知る	52	問題	33
悪い	50	理解	32
子供	50	デメリット	31
生徒	48	行う	31
用意	47	付き合い	30
遊ぶ	46		

はサブグラフ検出を用いた。なお，数字は，Jaccard係数である。実線で結ばれた語のグループは8つであった。

①「テレビゲーム」，「教材」，「準備」，「理由」，「ゲーム」，「依存」，「考える」，「思う」という8語のネットワークで構成されている。特に「教材」と「準備」ではJaccard係数は0.70で関連が強い。「ゲーム依存について考える教材を準備する」と解釈できる。具体的な回答としては，「ゲームの依存に関する教材を準備する」といったものがあった。

②「長時間」，「行う」，「視力」，「低下」，「コミュニケーション」，「能力」，「授業」という7語のネットワークで構成されている。特に「視力」と「低下」ではJaccard係数は0.30であった。「長時間による視力の低下やコミュ

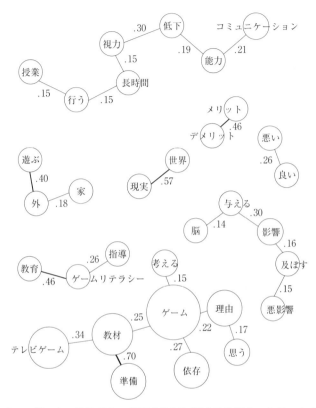

図 12-1　ゲーム・リテラシー教育の教材に関する共起ネットワーク分析

ニケーション能力の低下に関する授業を行う」と解釈できる。「ゲームを長時間すると多くの人は視力が低下する」,「ゲームによるコミュニケーション能力の低下についての教材を準備する」などの回答があった。

③「脳」,「影響」,「与える」,「悪影響」,「及ぼす」,という5語のネットワークで構成されている。「脳に与える影響あるいは悪影響に関する教材」と解釈できる。「ゲームが脳に与える影響についての教材を準備する」などの回答があった。

④「家」,「外」,「遊ぶ」という3語のネットワークで構成されている。特に「外」と「遊ぶ」ではJaccard係数は0.40で関連が強い。「家の外で遊ぶ」と解釈できる。「テレビゲームと外遊びについての教材を準備する」などの回答があった。

　⑤「ゲーム・リテラシー」,「教育」,「指導」という3語のネットワークで構成されている。特に「教育」と「ゲーム・リテラシー」ではJaccard係数は0.46で関連が強い。ゲーム・リテラシー教育の指導と解釈できる。「主体的にゲームと付き合えるようなゲーム・リテラシー教育を行いたい」などの回答があった。

　⑥「現実」,「世界」という2語のネットワークで構成されている（Jaccard係数は0.57）。「現実世界とゲーム世界の違いについての教材を準備する」などの回答があった。

　⑦「メリット」,「デメリット」という2語のネットワークで構成されている（Jaccard係数は0.46）。「テレビゲームをするメリットとデメリットについての教材を準備する」などの回答があった。

　⑧「良い」,「悪い」という2語のネットワークで構成されている。「テレビゲームの良いところと悪いところの教材を準備する」などの回答があった。

　教材に関しては,「ゲーム依存」,「脳に与える影響」,「視力低下」,「コミュニケーション能力」,「外での遊び」,「現実世界とゲーム世界」,「ゲームの良い面と悪い面」,「メリットとデメリット」などを小学生に指導する必要があると考えていることが明らかになった。

　「依存」に関する記述の出現回数は161回（表12-1）であり，相対的に高い。つまり，ゲーム・リテラシー教育において「依存」は，重要な教材であると考えていることが示唆された。現在は，スマートフォンでプレイできるソーシャルゲームや携帯型ゲーム機でゲームを行う機会が増えたので，ゲーム依存の低年齢化を心配して依存に関して指導する必要があると判断したと考えられる。

次に，脳に与える影響，視力低下，コミュニケーション能力に関する教材を準備すると回答している。

脳に与える影響では，「テレビゲームを長時間やり続けることによって怒りっぽくなり，集中力の低下，物忘れが多くなるゲーム脳というものになってしまう」などの記述があり，ゲーム脳という言葉が大学生においても影響を与えていることが分かる。指導する資料においても脳に関するものを求めていることが明らかになった。ゲーム脳については，科学的根拠に乏しいことが指摘されている[11]。このことから，大学生を対象にしたゲーム・リテラシー教育では，ゲーム脳に関する論文を通して，なぜ多くの人がゲーム脳を支持したのかについて検討させる内容を取り入れることが必要であると考える。「視力低下」，「コミュニケーション能力」にも関心を持っていることが明らかになった。ビデオゲームの使用頻度が多いとコミュニケーション能力が低下すると懸念する者もいた。このような懸念を払拭するためにも，過度な長時間のゲームプレイを自制するゲーム・リテラシーが必要であると考える。

次に，ビデオゲームに接していると，室内で遊ぶことになり，運動不足になるため外での遊びの重要性を指導する必要があると考えたのであろう。放課後，塾に通うために外遊びができないなど，子どもたちの取り巻く遊びの環境は大きく変化していることも事実である。したがって，大学生を指導する際，なぜ子どもたちがビデオゲームで遊ぶのかを考えさせる内容を取り入れ，ビデオゲームに関する懸念を払拭するゲーム・リテラシー教育を推進することが重要となる。

一方，ゲームの良い面（メリット）や悪い面（デメリット）の両面を指導する必要があると考えていることが明らかになった。一般的に，ビデオゲームは子どもたちの心身に悪影響を与えるだけというイメージの中で，ビデオゲームの良い面にも注目していこうとする視点は重要である。ゲームの良い面として，例えば，シューティングゲームなど展開の速いアクションゲームを

頻繁に行っていると，注意力や迅速な情報処理，課題の切り替えの柔軟性，頭の中で物体の回転を思い描く力など様々な認知能力が向上することが近年の研究で明らかになってきた[12]。また，優れた設計の教育用ビデオゲームは推論や問題解決，他者との協力など，高次のスキルを実習できる可能性を持つことも示されている[13]。このように，研究成果も大学生に提供する必要がある。

12.3.3. ゲーム・リテラシー教育を指導する際の資料

「ゲーム・リテラシー教育を指導する上で，どのような資料があれば利用したいと思いますか。また，その理由も述べて下さい」という教示文を提示し自由記述による回答（150字程度）を求めた。

表12-2　ゲーム・リテラシー教育を指導する際の資料に関しての頻出語

抽出語	出現回数	抽出語	出現回数
ゲーム	624	知る	51
資料	289	子供	44
利用	255	生活	44
影響	170	悪影響	39
思う	152	勉強	38
考える	132	学ぶ	37
与える	118	悪い	36
理由	113	関係	36
時間	110	実際	36
脳	97	伝える	36
依存	84	及ぼす	34
人	83	教える	32
テレビゲーム	75	視力	31
生徒	70	低下	31
子ども	65	能力	31
理解	54	児童	30
自分	52		

文章の単純集計を行った結果，725の文が確認された。表12-2は，ゲーム・リテラシー教育を指導する際の資料に関して，出現回数の多い単語から順に出現回数30までの単語をリストアップしたものである。「ゲーム」が624回で一番多く，次いで「資料」が289回，「利用」が255回，「影響」が170回，「思う」が152回，「考える」が132回となっている。

図12-2は，ゲーム・リテラシー教育を指導する際の資料に関する共起ネットワーク分析の結果を示したものである。実線で結ばれた語のグループは7つであった。

①「視力」,「運動」,「コミュニケーション」,「能力」,「低下」,「データ」という6語のネットワークで構成されている。特に「視力」と「低下」ではJaccard係数は0.38で関連が強い。また「運動」と「能力」ではJaccard係数は0.30であった。「視力，運動やコミュニケーション能力の低下に関連する資料を望んでいる」と解釈できる。具体的な回答としては，「ゲームが視力や体力の低下につながるデータを資料として利用したい」といったものがあった。

②「脳」,「与える」,「影響」,「資料」,「利用」という5語のネットワークで構成されている。Jaccard係数は，「脳」と「与える」では0.36,「与える」と「影響」では0.49,「資料」と「利用」では0.52で関連が強い。「脳に与える影響に関連する資料を利用したい」と解釈できる。「脳に与える影響についての資料を利用したい」などの回答があった。

③「ゲーム」,「考える」,「知る」,「理由」,「思う」という5語のネットワークで構成されている。「ゲームについて考え，知るための資料を利用したい」と解釈できる。「ゲームとの付き合い方を考えさせたい」などの回答があった。

④「生徒」,「自身」,「付き合い」という3語のネットワークで構成されている。「生徒自身がゲームとの付き合いを学ぶための資料を利用したい」と解釈できる。「生徒自身でゲームとの付き合い方を考えてもらいたい」など

の回答があった。
　⑤「ゲーム・リテラシー」,「教育」,「指導」という3語のネットワークで構成されている。「ゲーム・リテラシー」と「教育」ではJaccard係数は0.45で関連が強い。「ゲーム・リテラシー教育の指導に関する資料」と解釈できる。「ゲーム・リテラシー教育を指導する上で，ゲームが脳に与える影響についての資料」などの回答があった。
　⑥「睡眠」,「成長」という2語のネットワークで構成されている。「睡眠

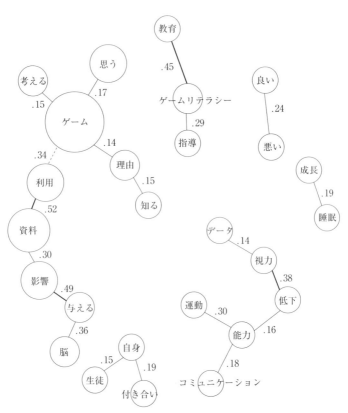

図12-2　ゲーム・リテラシー教育を指導する際の資料に関する共起ネットワーク分析

や成長に関連する資料を望んでいる」と解釈できる。「睡眠時間と成長ホルモンとの関係についての資料があれば利用したい」などの回答があった。

⑦「良い」，「悪い」という2語のネットワークで構成されている。「良い面，悪い面に関連する資料を望んでいる」と解釈できる。「ゲームの良い面，悪い面を意識させる」などの回答があった。

教材作成に必要な資料に関しては，教材の内容とほぼ一致している。つまり，「脳に与える影響」，「視力低下」，「コミュニケーション能力」，「運動能力」，「成長と睡眠」などに関連する資料を利用したいと考えている。

現在の子どもたちは，誕生時からデジタルメディアに取り囲まれ，ビデオゲームで遊ぶのが当たり前の環境で育っている。将来は，人工知能を持ったロボットやVR（バーチャルリアリティ）ゲームで遊ぶ環境で暮らすことになるであろう。

したがってビデオゲームに対してどのように付き合っていくのか，自分自身で判断する主体性を育むことが重要となる。いきなり主体性を持てといっても困難であるので，教師は幼児教育から遊びを通して主体的・対話的で深い学びを指導することが重要となる。

1990年以降，インターネットを使ったオンラインゲームなどが出現し，デジタルメディアの状況が大きく変化した。そのため，子どもたちを取り囲むデジタルメディア環境も様変わりした。

上松（2015）[14]は，デジタルメディアに対しては「デジタルリテラシー」が必要であり，モバイルメディアに対しては「モバイルリテラシー」（SNS，ゲーム，アプリなどモバイル利用前提の複合的リテラシー）が必要であると述べている。今後，ロボットの普及からロボットリテラシーも必要となってくると指摘している。

また，坂本・須藤（2014）[15]は，ロボットとは何かを理解し，それらと適切な関係を形成し，安全に利用するにはロボットリテラシー教育が重要になると考え，ロボットリテラシーの要素を整備した。また，学習者がよりロボ

ットリテラシーを意欲的に学べるように，教材としてカードゲームを開発した。

　文部科学省の教職課程コアカリキュラムの在り方に関する検討会（2017）[16]が公表した教職課程コアカリキュラムでは，「情報モラル」の指導法に関しては主に大学の教職課程の「教育の方法及び技術」の講義で学ぶことになっている。情報モラルの講義の中に，児童生徒のゲーム機利用における情報モラル指導も含める必要があると考えられる。したがって，今後は情報モラルを含めたゲーム・リテラシー教育の考え方を普及させるための新たな教材や教育方法を開発する必要がある。

12.4. 文献

［1］佐藤朝美,「メディアへの抵抗感，気がかり」『ベネッセ教育総合研究所 第1回乳幼児の親子のメディア活用調査報告書』, pp.64-65, 2014.
　　http://berd.benesse.jp/up_images/textarea/data_02_03.pdf（2018.4.22取得）

［2］堀川照代,「子どもと情報・メディアに関わる現場の動き」『図書館調査研究リポート No.10　子どもの情報行動に関する調査研究』, pp.154-163, 2008.

［3］北海道教育委員会（北海道子どもの生活習慣づくり実行委員会），「どさんこアウトメディアプロジェクト」
　　http://www.dokyoi.pref.hokkaido.lg.jp/hk/sgg/dosankooutmedia/n.htm（2018.4.22取得）

［4］馬場章,「ゲームの教育と研究の役割－ゲームの明るい未来のために－」, 社団法人コンピュータエンターテインメント協会,『テレビゲームのちょっといいおはなし』, 5, pp.1-13, 2008.
　　http://research.cesa.or.jp/handbook/handbook2008.pdf（2018.4.22取得）

［5］馬場章, 遠藤雅伸,「ゲーム・テクノロジーから教育を変える」, 2013.
　　https://www.youtube.com/watch?v=mGvfbo5hHfw（2018.4.22取得）

［6］小孫康平,『ビデオゲームプレイヤーの心理学とゲーム・リテラシー教育』, 風間書房, 2016.

［7］財津康輔, 樋口重和,「ゲームリテラシーを測定する尺度の開発」『デジタルゲーム学研究』, Vol.6, No.1, pp.13-24, 2012.

[8] 阪口祐介，樋口耕一，「震災後の高校生を脱原発へと向かわせるもの－自由回答データの計量テキスト分析から－」，友枝敏雄（編），『リスク社会を生きる若者たち－高校生の意識調査から－』，pp. 186-203，大阪大学出版会，2015.

[9] 小孫康平，「ゲームリテラシー教育の教材に関する教職志望大学生の意識の計量テキスト分析」『デジタルゲーム学研究』，Vol. 10, No. 1, pp. 23-29, 2017.

[10] 樋口耕一，『社会調査のための計量テキスト分析－内容分析の継承と発展を目指して－』，ナカニシヤ出版，2014.

[11] 坂元章，「メディアの心理的影響－「ゲーム脳」をめぐって－」，浮谷秀一，大坊郁夫（編著），『クローズアップ「メディア」』（現代社会と応用心理学5），pp. 32-39，福村出版，2015.

[12] バヴェリア，D.・グリーン，C. S.,「ビデオゲームで認知力アップ」『日経サイエンス』，Vol. 46, No. 10, pp. 32-38, 2016.

[13] ガーシェンフェルド，A.,「ビデオゲームを教育に」『日経サイエンス』，Vol. 46, No. 10, pp. 40-45, 2016.

[14] 上松恵理子，「ICT 教育におけるメディアリテラシー教育」『情報処理』，Vol. 56, No. 4, pp. 322-326, 2015.

[15] 坂本牧葉，須藤秀紹，「ロボットに対する理解と興味を深めるためのゲームデザイン－ロボット・リテラシーゲーム－」『情報処理学会研究報告知能システム (ICS)』，2014-ICS-175（11），pp. 1-6, 2014.

[16] 教職課程コアカリキュラムの在り方に関する検討会，「教職課程コアカリキュラム」，p. 22, 2017.
http://www.mext.go.jp/component/b_menu/shingi/toushin/__icsFiles/afieldfile/2017/11/27/1398442_1_3.pdf（2018.4.22取得）

あ と が き

　筆者は，「教育方法学（初等）」，「教育方法学（中等）」，「教育方法・技術論」などの講義を行っている。また，大学院では，「教育方法学特論」，「教育学特論」などを担当している。

　講義では，今後の社会を担う生徒たちに求められる資質・能力を育成するために必要な，教育の方法，教育の技術，情報機器及び教材の活用に関する基礎的な知識・技能を身につけることを到達目標としている。

　特に，情報機器及び教材の活用に関しては，デジタルメディアの利活用について説明している。また，学習意欲を高めるために，授業の導入に遊びの要素を取り入れた教育方法について解説している。さらに，教育と遊びとは大いに関係があり，遊びの重要性について考えさせる指導を行っている。

　本書では，デジタルメディア時代における教育方法について検討した。また，従来あまり取り上げられなかった「遊びとしてのビデオゲーム」に着目することで，デジタルメディア時代の子どもたちの生活や遊び観を明らかにすることを試みた。本書が少しでも役立てばこの上ない喜びである。

　現在まで，教育方法学，教育工学およびビデオゲームに関する研究を行うことができるのも，博士論文を指導していただいた前白鷗大学の田多英興先生と2つ目の博士論文の主査である立命館大学の上村雅之先生のお蔭です。心よりお礼申し上げます。

　また，本書を世に送るにあたり，お世話になったすべての方がたに心から感謝申し上げます。

　最後に，私事で恐縮ではあるが，長年の研究活動を支えてくれた妻と子どもたちにも，この場を借りて感謝とお礼を述べる。

なお，本書は次の論文を基にして大幅に加筆・修正し，新しい内容を加えたものである。

「第1章」：

小孫康平,「デジタル社会で必要とされる資質・能力および教育方法－構成主義学習理論の視点から－」, 皇學館大学教育学部（編）,『教育の探求と実践』, pp.83-93, 皇學館大学出版部, 2018.

「第2章」：

小孫康平,「障害児教育におけるパソコン通信の教育利用とその評価」『教育情報研究』, Vol.5, No.2, pp.13-20, 1989.

小孫康平, 宮地功,「特殊教育に携わる教員に要求されるコンピュータ利用に関する力量」『教育情報研究』, Vol.8, No.1, pp.3-10, 1992.

小孫康平, 宮地功,「特殊教育担当教員のコンピュータ利用に関する性差」『教育情報研究』, Vol.8, No.2, pp.18-26, 1992.

小孫康平,「パソコン通信に対する不安要因の分析－特殊教育に携わる教員の意識調査－」『教育システム情報学会誌』, Vol.12, No.4, pp.279-288, 1996.

小孫康平,「オーストラリア・ビクトリア州の特殊教育におけるコンピュータ教育の課題の分析」『日本教育工学雑誌』, Vol.21（suppl）, pp.5-8, 1997.

「第4章」：

小孫康平,「教育委員会が求める教員像の計量テキスト分析－教育方法学的観点から－」『皇學館大学紀要』, 56輯, pp.1-15, 2018.

「第5章」：

小孫康平,「教職志望大学生の学習意欲に関する教育学的研究」『日本教育工学会研究報告集』, JSET18（1）, pp.149-155, 2018.

「第6章」：

小孫康平,「アクティブ・ラーニングと遊びの経験との関連性に関する教育

方法学的研究」『日本教育工学会研究報告集』, JSET17 (5), pp. 31-37, 2017.

「第9章」:

小孫康平,「遊戯性を取り入れた授業と教育方法学」『皇學館大学教育学部研究報告集』, 第9号, pp. 35-46, 2017.

「第10章」:

小孫康平,「未習熟者群および習熟者群のビデオゲーム操作活動と時間経過との関連」『デジタルゲーム学研究』, Vol. 7, No. 1, pp. 13-21, 2014.

「第11章」:

小孫康平,「3Dビデオゲームにおける脳波を用いたストレス評価に関する研究」『日本デジタルゲーム学会2016年夏季研究発表大会予稿集』, pp. 55-58, 2016.

小孫康平,「3次元ビデオゲームのストレス評価とゲーム・リテラシー教育の教材開発」『皇學館大学教育学部研究報告集』, 第9号, pp. 47-57, 2017.

「第12章」:

小孫康平,「ゲームリテラシー教育の教材に関する教職志望大学生の意識の計量テキスト分析」『デジタルゲーム学研究』, Vol. 10, No. 1, pp. 23-29, 2017.

著者略歴

小　孫　康　平（こまご　やすひら）

筑波大学大学院教育研究科修士課程修了，東北学院大学大学院人間情報学研究科人間情報学専攻博士後期課程修了，立命館大学大学院先端総合学術研究科先端総合学術専攻博士課程（一貫制）修了
国立特殊教育総合研究所（現　独立行政法人　国立特別支援教育総合研究所）教育工学研究部主任研究官，関西国際大学人間科学部・関西国際大学大学院人間行動学研究科教授（研究科長），皇學館大学教育学部（教育学科主任）・皇學館大学大学院教育学研究科教授（学長補佐）を経て，現在，皇學館大学教育学部特命教授，立命館大学衣笠総合研究機構ゲーム研究センター客員研究員
博士（学術）（立命館大学）　　博士（学術）（東北学院大学）
専攻：教育方法学，教育工学，デジタルゲーム学，生理心理学

主な著書・論文：
教育方法学（単著：皇學館大学出版部），教育の探求と実践（共著：皇學館大学出版部），ビデオゲームプレイヤーの心理学とゲーム・リテラシー教育（単著：風間書房），瞬目の心理学と教育への応用（単著：風間書房），ビデオゲームに関する心理学的研究（単著：風間書房），課題困難度と瞬目活動に関する研究（単著：風間書房），教育方法論（共著：一藝社），ゲームリテラシー教育の教材に関する教職志望大学生の意識の計量テキスト分析（デジタルゲーム学研究），未習熟者群および習熟者群のビデオゲーム操作活動と時間経過との関連（デジタルゲーム学研究），ビデオゲームプレイヤーの心理状態とコントローラのボタン操作行動の分析（デジタルゲーム学研究），ビデオゲームプレイヤーの操作行動が脈波のカオス解析による心理状態と主観的感情に及ぼす影響（デジタルゲーム学研究），二重課題における注意資源配分が瞬目と精神テンポでのタッピングに及ぼす影響（教育システム情報学会誌），ワーキングメモリの負荷が瞬目活動に及ぼす影響（日本教育工学会論文誌）

デジタルメディア時代における教育方法と遊び
― 遊びとしてのビデオゲームに着目して ―

2018年8月31日　初版第1刷発行

著　者　　小　孫　康　平

発行者　　風　間　敬　子

発行所　　株式会社風間書房
〒101-0051　東京都千代田区神田神保町1-34
電話 03(3291)5729　FAX 03(3291)5757
振替 00110-5-1853

印刷　太平印刷社　　製本　高地製本所

©2018　Yasuhira Komago　　　　　　　　　NDC 分類：140
ISBN978-4-7599-2232-5　　Printed in Japan

〈(社)出版者著作権管理機構　委託出版物〉

本書の無断複製は，著作権法上での例外を除き禁じられています。複製される場合はそのつど事前に(社)出版者著作権管理機構（電話 03-3513-6969，FAX 03-3513-6979，e-mail:info@jcopy.or.jp）の許諾を得てください。